대한
검정회

김인숙 지음

한자
예상 문제집

6급

다락원

저자 김인숙

한어교육원 대표
한중상용한자지도사 양성
한자놀이지도사 양성
어린이중국어지도사 양성
유한대학교 외래교수
중국루동대학교 국제중국어과 석좌교수

📖 저서

「대한검정회 한자 예상 문제집 5급, 준5급, 6급」
「자동암기 신비한자 8급, 7급, 6급, 5급 시리즈」
「가장 쉬운 어린이 중국어 시리즈」
「주니어 신HSK붐붐 1, 2, 3, 4권」
「어린이YCT붐붐2급」
「국민대표중국어첫걸음」
「뽀뽀와 구루몽의 신나는 중국어 시리즈」 공저

⚙ 콘텐츠 개발

호락호락오감중국어
한자랑중국어랑 놀자
문정아중국어 '리듬'기획

대한검정회 한자 예상 문제집 6급

지은이 김인숙
펴낸이 정규도
펴낸곳 (주)다락원

초판 1쇄 인쇄 2025년 9월 15일
초판 1쇄 발행 2025년 9월 25일

기획 권혁주, 김태광
편집 이후춘, 한채윤, 전수민, 송영진
디자인 최예원, 이승현
일러스트 김은미

📙다락원 경기도 파주시 문발로 211
내용문의 : (02) 736 − 2031 내선 291~296
구입문의 : (02) 736 − 2031 내선 250~252
팩스 : (02) 732 − 2037
출판등록 1977년 9월 16일 제406 − 2008 − 000007호

ISBN 978-89-277-7499-0 64710

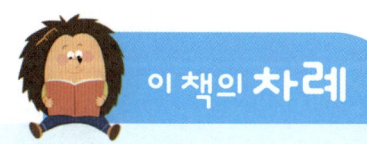

이 책의 차례

이 책의 구성 · 004

한자급수자격검정시험 안내 · · · · · · · · · · · · · 005

6급 시험 출제 기준 · · · · · · · · · · · · · · · · · · 009

6급 시험 기출 유형 · · · · · · · · · · · · · · · · · · 010

한자의 짜임 · 013

부수의 위치 · 014

6급 신출한자(20字) · · · · · · · · · · · · · · · · · 015

8급~6급 배정한자(50字) · · · · · · · · · · · · · · 016

대한검정회 한자예상문제 1회 · · · · · · · · · · · · 018

대한검정회 한자예상문제 2회 · · · · · · · · · · · · 021

대한검정회 한자예상문제 3회 · · · · · · · · · · · · 024

대한검정회 한자예상문제 4회 · · · · · · · · · · · · 027

대한검정회 한자예상문제 5회 · · · · · · · · · · · · 030

대한검정회 한자예상문제 6회 · · · · · · · · · · · · 033

대한검정회 한자예상문제 7회 · · · · · · · · · · · · 036

대한검정회 한자예상문제 8회 · · · · · · · · · · · · 042

대한검정회 한자예상문제 9회 · · · · · · · · · · · · 045

대한검정회 한자예상문제 10회 · · · · · · · · · · · 048

대한검정회 한자예상문제 11회 · · · · · · · · · · · 051

대한검정회 한자예상문제 12회 · · · · · · · · · · · 054

대한검정회 한자예상문제 13회 · · · · · · · · · · · 057

대한검정회 한자예상문제 14회 · · · · · · · · · · · 060

대한검정회 한자예상문제 15회 · · · · · · · · · · · 063

정답 및 해설 · 067

OMR 카드 · 109

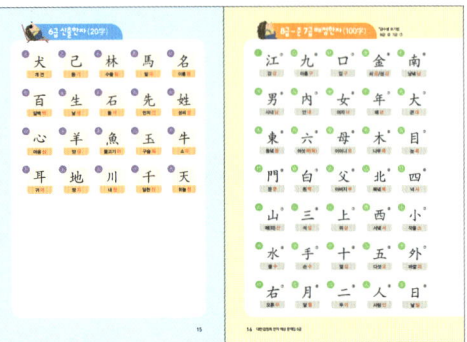

6급 신출 한자와 배정한자

한자급수자격검정시험에서 8급부터 5급까지 배정된 한자를 음에 따라 가나다 순으로 정리했어요. 한자의 왼쪽 상단에는 부수를, 오른쪽 상단에는 급수를 표기했으며, 시험 전에 빠르게 복습할 수 있어요.

新경향 예상 문제

최신 출제 경향을 반영한 실전 대비 예상 문제 15회분을 수록했어요. 6급 시험을 철저하게 분석해서 다양한 문제에 충분히 대비할 수 있어요. 실제 시험 시간에 맞춰서 풀어 보며 연습해보세요.

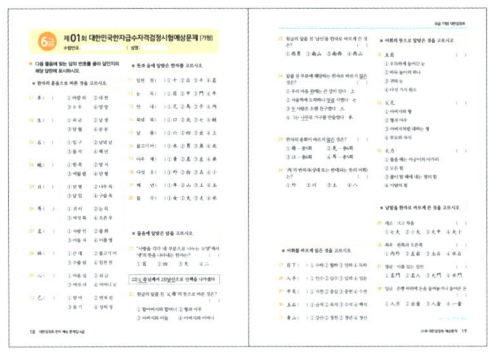

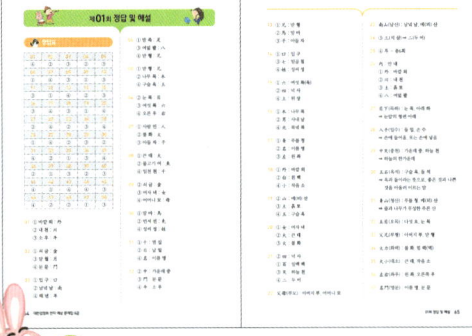

해설과 정답

정답과 상세한 해설을 수록했어요. 틀린 문제 또는 확실히 정답을 알지 못했던 문제들은 해설을 통해 확인하며, 부족한 점을 채워보세요.

한자급수자격검정시험 안내

● **'대한검정회 한자급수자격검정시험' 이란 무엇인가요?**

'사단법인 대한민국한자교육연구회 대한검정회'에서 주최하는 시험으로, 전문화된 직업 능력을 고양할 수 있는 가장 기초적인 도구 과목으로 자리매김하게 되었어요. 한자급수자격검정시험은 21세기에 세계를 주도할 新지식인의 기본 소양을 위한 필수 자격으로, 새로운 민족문화의 수립과 한자 문화권에 대한 이해와 협력을 증진시키는 데 이바지할 수 있을 것이라고 기대돼요.

● **시험은 언제 볼 수 있나요?**

한자급수자격검정시험 시행 일정은 대한검정회 홈페이지(hanja.ne.kr)에서 확인하세요.

① 현장

회차	시행일	시험 등급	인터넷 접수 기간	합격자 발표일 (홈페이지/ARS)
제106회	2025.02.22. (토)	8급 ~ 대사범	2024.12.16. (월) ~ 2025.01.03. (금)	2025.03.17. (월) 오전 10시
제107회	2025.05.24. (토)	8급 ~ 대사범	2025.03.17. (월) ~ 2025.04.04. (금)	2025.06.16. (월) 오전 10시
제108회	2025.08.23. (토)	8급 ~ 대사범	2025.06.16. (월) ~ 2025.07.04. (금)	2025.09.15. (월) 오전 10시
제109회	2025.11.22. (토)	8급 ~ 대사범	2025.09.15. (월) ~ 2025.10.03. (금)	2025.12.15. (월) 오전 10시

※접수 시 고사장별 접수 인원에 따라 조기 마감될 수 있어요.

※시행 일정은 사정에 의해 변경될 수 있어요.

※추가 접수는 받지 않으니 접수 기간 내 접수해야 해요.

시험 시간	시간	내용	소요 시간
8급 ~ 3급 (13:40 ~ 14:40)	13:40 ~ 13:50	수험표 및 신분증 확인	10분
	13:50 ~ 13:55	시험 시 주의사항 전달	5분
	13:55 ~ 14:00	봉인 확인 및 답안지 주의사항	5분
	14:00 ~ 14:40	시험지 배부 및 시험 실시	40분
	계		60분

※오후 1시 40분까지 전국 동시 입실을 완료해야 해요. (오후 1시 40분 이후에는 입실할 수 없어요.)
※오후 2시 정각에 전국 동시 시험 문제 풀이가 시작돼요.

② 자기주도형 온라인

회차	시행일	시험 등급	인터넷 접수 기간	합격자 발표일 (홈페이지/ARS)
제106회	2025.02.08. (토)	8급 ~ 3급	2025.01.06. (월) ~2025.01.12. (일)	2025.02.24. (월) 오전 10시
제108회	2025.08.09. (토)	8급 ~ 3급	2025.07.07. (월) ~2025.07.13. (일)	2025.08.25. (월) 오전 10시

교시	시험 시간	등급	문제풀이 시간
2교시	10:50 ~ 11:15	6급	25분

※시험 문제 풀이 시간은 6급~3급은 25분 동안이에요.
※급수별 시험 시작시간이 다르므로 확인하세요.
※시험 시작 30분 전부터 입장이 가능합니다.
※늦게 입장하는 경우에도 종료시간은 동일하니 미리 입장하여 대기해야 해요.

● **참가회비는 얼마인가요?**

등급		8급	7급	6급	준5급	5급
총비용	참가회비 (시험진행경비)	20,000원				
	자격증 발급비	무료 직접 출력 (무제한 출력 기능 제공)				

• 현장과 자기주도형 온라인 모두 참가회비는 동일해요.

• 인터넷 및 모바일 접수는 온라인 수수료 1,000원이 추가돼요.

• 환불 규정: 홈페이지 환불 규정을 참조하세요.

● **출제 형식은 어떤가요?**

등급	검정 과목	검정 방법	문항수	출제 형식	합격 기준	
6급	한문지식 (한자 250)	필기시험	50	객관식(50)	70점 이상 (1문항당 2점)	50문항 중 35문항 이상

※상위 등급의 선정 한자 수는 하위 등급의 선정 한자 수가 포함된 것이에요.

● **준비물은 무엇인가요?**

① **현장**

• 수험표, 검정색 볼펜, 수정 테이프, 실내화

• 신분증 (청소년증, 학생증, 주민등록증, 운전면허증, 대한검정회 카드자격증)

※ 8급~3급 응시자 중 만 12세 이하의 경우는 신분증 없이 수험표만으로도 입실이 가능해요.

② **자기주도형 온라인**

• 카메라 기능이 있는 PC, 노트북, 태블릿PC 중 하나를 택합니다.

※ 태블릿PC보다는 노트북, PC 사용을 권장해요.

※ 태블릿PC는 안드로이드 기반에서만 가능하며 아이패드는 사용이 불가능해요.

※ 시험 응시는 반드시 크롬 브라우저 및 어플을 이용해야 해요.

※ 애플 기기(아이폰, 맥북, 아이패드 등)는 시험 접수 및 응시가 불가능해요.

● 응시자 유의사항은 어떤 점들이 있나요?

- 모든 응시자는 13시 40분까지 본인 좌석에 착석해 주세요.
- 책상 위에는 신분증, 수험표, 필기도구만 올려놓아야 해요.
- 반드시 전자기기의 전원버튼을 꺼주세요. 부정행위로 간주될 수 있어요.
- 답안지에 잘못 기재하였을 경우, (답안지 교체를 요청하거나) 수정테이프로 수정해요.
- 본인이 배부받은 시험지가 신청한 등급의 시험지가 맞는지 반드시 확인해 주세요.
- 답안지 작성에 어려움이 있거나 문의가 있으실 경우, 손을 들어서 감독관을 찾아주세요.

● 부정행위자로 간주되는 사례는 어떤 것이 있나요?

- 전자기기(휴대폰, 스마트시계, 전자사전 등)를 소지한 사람
- 시험 중에 다른 응시자와 대화하는 사람
- 시험 중에 다른 응시자와 답안지를 서로 교환하는 사람
- 시험 중에 다른 응시자의 답안지 또는 문제풀이 과정을 보고 자신의 답안을 작성하는 사람
- 다른 응시자를 위하여 답안을 보여주거나 또는 자신의 답안을 제공한 사람
- 시험 중에 시험문제내용과 관련된 교재 또는 관련 자료를 참고한 사람
- 고사장 내외로부터 도움을 받아 답안을 작성한 사람
- 다른 응시자와 성명 또는 수험번호를 바꾸어 제출한 사람
- 대리시험을 치른 자 및 치르게 한 사람
- 기타 부정 또는 불공정한 방법으로 시험을 치른 사람

● 부정행위 처벌규정은 어떤가요?

- 부정행위자로 간주되면 즉시 해당 응시자의 시험 중지 후 퇴실조치 돼요.
- 당 회차 검정을 중지하고 다음 회차까지 응시자격이 제한돼요.

시험 정보가
궁금해

6급 출제 기준

대분류	중분류	주요내용	문항수
한자	한자	한자의 훈음 알기	20
		훈음에 맞는 한자 알기	
		한자의 짜임을 통한 형음의 알기	
	활용	한자의 다양한 훈음 알기	5
		부수와 획수 적용하기	
		자전(옥편) 활용하기	
		유의자와 반의자의 한자 알기	
		한자어(단어)에 적용하기	
한자어 (어휘)	한자어	어휘의 독음 알기	10
		어휘의 뜻 알기	
		낱말을 한자로 변환하기	
		단어의 짜임 알기	
	활용	문장 속의 한자어 독음 알기	13
		문장 속의 낱말을 한자로 변환하기	
		유의어와 반의어 알기	
		성어의 속뜻 알기	
	문화	선인의 삶과 지혜를 이해하고 가치관 형성하기	2
		전통문화를 이해하고 발전시키기	
합 계			50

〈예시〉

1 한자를 보고 훈과 음이 바른 것을 고르는 문제가 나와요.

※한자의 훈과 음으로 바른 것을 고르시오.

01 女 (　　) 　　① 여자 녀 　② 나무 목 　③ 사내 남 　④ 달 월

〈예시〉

2 훈과 음에 맞는 한자를 고르는 문제가 나와요.

※뜻과 음에 알맞은 한자를 고르시오.

11 몸 기 (　　) 　　① 九 　　② 己 　　③ 名 　　④ 七

〈예시〉

3 한자의 훈음, 유의자와 반의자, 부수와 획수, 자전(옥편)을 활용하는 등 한자를 익히고 활용하는 다양한 문제가 나와요.

※물음에 알맞은 답을 고르시오.

21 "입 모양을 나타낸 모습"으로 입'을 뜻 하는 한자는? (　　)

　　① 七 　　　② 口 　　　③ 中 　　　④ 牛

　22)삼월에 있을 학교 회장 선거에 후보자로 23)出馬를 했다.

22 윗글에서 밑줄 친 '삼월'을 한자로 바르게 쓴 것은?

　　① 二月 　　② 三月 　　③ 四月 　　④ 五月

23 윗글에서 밑줄 친 '출마'의 뜻으로 바른 것은?

　　① 말이 밖으로 나감 　　　② 말이 달리는 모습
　　③ 선거에서 떨어짐 　　　④ 선거에 입후보 함

25 한자의 총획이 바르지 않은 것은?

　　① 山 – 총3획 　② 月 – 총4획 　③ 先 – 총6획 　④ 母 – 총6획

26 '天'의 반의자는? (　　)

　　① 石 　　　② 外 　　　③ 地 　　　④ 南

〈예시〉

4 한자어에 관련된 질문으로 어휘의 독음이 바른 것을 찾는 문제가 나와요.

※어휘를 바르게 읽은 것을 고르시오.

27 百姓 (   )　　　① 성명　　　② 일성　　　③ 백성　　　④ 백생

〈예시〉

5 한자어에 관련된 질문으로 어휘의 뜻이 맞는 것을 찾는 문제가 나와요.

※어휘의 뜻으로 알맞은 것을 고르시오.

32 玉水 (   )　　　① 왕이 마시는 물
　　　　　　　　　② 돌처럼 딱딱하게 얼린 물
　　　　　　　　　③ 시원한 약수 물
　　　　　　　　　④ 맑은 샘물

〈예시〉

6 낱말을 한자로 바르게 쓴 것을 고르는 문제가 나와요.

※낱말을 한자로 바르게 쓴 것을 고르시오.

35 출금 : 금고나 통장에서 돈을 쓰기 위해 꺼내는 일 (   )
　　　① 出金　　　② 入金　　　③ 千金　　　④ 一金

〈예시〉

7 밑줄 친 한자의 독음을 바르게 쓴 것을 고르는 문제가 나와요.

※밑줄 친 어휘를 바르게 읽은 것을 고르시오.

39 백두산은 거대한 <u>火山</u>이다. (   )
　　　① 석산　　　② 금산　　　③ 화산　　　④ 청산

8 밑줄 친 부분에 맞는 한자를 고르는 문제가 나와요.

※밑줄 친 부분을 한자로 바르게 쓴 것을 고르시오.

45)청년은 46)인생의 꿈을 키운다.

45 청년 (　　)

　①青人　　　②青先　　　③青年　　　④青木

46 인생 (　　)

　①人生　　　②八生　　　③入生　　　④先生

9 물음에 알맞은 답을 고르는 문제가 나와요.

※물음에 알맞은 답을 고르시오.

49 "父母兄弟"의 뜻으로 알맞은 것은? (　　)

　① 부모와 형제를 아울러 이르는 말

　② 형·누나·오빠·동생을 아울러 이르는 말

　③ 3대이상 함께 사는 대가족을 뜻함.

　④ 봄·여름·가을·겨울 사계절의 순환을 뜻함

지금까지 6급에 출제되는
문제 유형을 살펴봤어요.
이제부터 기출 유형을 반영한
모의고사를 풀어보며 실전에
대비해보세요!

상형문자

사물의 모양을 본떠 만든 글자

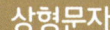

아주 옛날 사람들이 사물을 그림으로 그려 문자로 사용하면서 상형문자가 만들어졌대.

달 ☽ 나무 木 ⊙ 해

중국에 '창힐'이라는 사람이 동물들이 남긴 발자국을 보고 문자를 만들었다는 이야기도 있어.

지사문자

一

점과 선을 이용해서 다양한 문자를 표현하자!

회의문자

나무木와 나무木가 만나면 울창한 숲林이래

수풀 림

이미 만든 글자를 합체!

木 + 木 = 林

형성문자

입(뜻)과 문(음)을 합하여 '물어보다'라는 뜻이 된 글자

물을 문

소리와 뜻을 사이 좋게 나눠서 합체!

口 + 門 = 問

전주문자

이미 있는 한자를 이용하여 전혀 다른 음과 뜻으로 사용하는 글자

즐거울 락(樂)

노래 악, 즐길 락(낙), 좋아할 요

여러 가지 다른 음과 뜻으로 사용!

가차 문자

한자가 없을 때, 뜻은 다르나 음이 같거나 비슷한 한자를 찾아 사용된 글자

伊太利
이태리 → 이탈리아

亞細亞
아세아(ASIA)

외국어는 어떻게 표시 했을까?

부수의 위치

부수는 글자에서 놓인 위치에 따라 부르는 이름이 달라요. 변, 방, 머리, 발, 엄, 받침, 몸, 제부수 8가지로 나눕니다.

변			글자의 왼쪽에 위치한 부수	話 計
방 (곁방)			글자의 오른쪽에 위치한 부수	利 別
머리			글자의 위쪽에 위치한 부수	京 交
발			글자의 아래쪽에 위치한 부수	元 光
엄 (엄호)			글자의 위와 왼쪽을 싸고 있는 부수	原 历
받침			글자의 왼쪽과 밑을 싸고 있는 부수	近 遠
몸 (에운담)			글자를 에워싸고 있는 부수	區 開 圖
제부수			한 글자 그대로 전체가 부수	音 黃 首

犬 犬 개 견	己 己 몸 기	木 林 수풀 림	馬 馬 말 마	口 名 이름 명
白 百 일백 백	生 生 날 생	石 石 돌 석	儿 先 먼저 선	女 姓 성씨 성
心 心 마음 심	羊 羊 양 양	魚 魚 물고기 어	玉 玉 구슬 옥	牛 牛 소 우
耳 耳 귀 이	土 地 땅 지	巛 川 내 천	十 千 일천 천	大 天 하늘 천

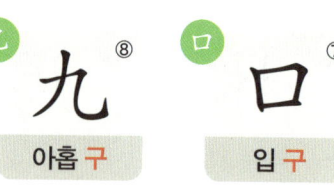

氵 江 ⑦	乙 九 ⑧	口 口 ⑦	金 金 ⑧	十 南 ⑧
강 **강**	아홉 **구**	입 **구**	쇠 **금**/성 **김**	남녘 **남**

田 男 ⑧	入 內 ⑦	女 女 ⑧	干 年 ⑦	大 大 ⑦
사내 **남**	안 **내**	여자 **녀**	해 **년**	큰 **대**

木 東 ⑧	八 六 ⑧	母 母 ⑧	木 木 ⑧	目 目 ⑦
동녘 **동**	여섯 **륙(육)**	어머니 **모**	나무 **목**	눈 **목**

門 門 ⑧	白 白 ⑦	父 父 ⑧	匕 北 ⑧	口 四 ⑧
문 **문**	흰 **백**	아버지 **부**	북녘 **북**	넉 **사**

山 山 ⑦	一 三 ⑧	一 上 ⑦	西 西 ⑧	小 小 ⑦
메(뫼) **산**	석 **삼**	위 **상**	서녘 **서**	작을 **소**

水 水 ⑧	手 手 ⑦	十 十 ⑧	二 五 ⑧	夕 外 ⑦
물 **수**	손 **수**	열 **십**	다섯 **오**	바깥 **외**

口 右 ⑦	月 月 ⑧	二 二 ⑧	人 人 ⑧	日 日 ⑧
오른 **우**	달 **월**	두 **이**	사람 **인**	날 **일**

一⑧ 한일	入⑦ 들입	子⑧ 아들자	弟⑧ 아우제	足⑦ 발족
左⑦ 왼좌	中⑦ 가운데중	靑⑦ 푸를청	出⑦ 날출	七⑧ 일곱칠
土⑧ 흙토	八⑧ 여덟팔	下⑦ 아래하	兄⑧ 맏형	火⑧ 불화

■ 다음 물음에 맞는 답의 번호를 골라 답안지의 해당 답란에 표시하시오.

※ 한자의 훈음으로 바른 것을 고르시오.

01 羊 ( )　①바깥 외　②내 천
　　　　　　③소 우　④양 양

02 生 ( )　①쇠 금　②날 생
　　　　　　③달 월　④문 문

03 石 ( )　①입 구　②남녘 남
　　　　　　③돌 석　④해 년

04 地 ( )　①발 족　②땅 지
　　　　　　③여덟 팔　④맏 형

05 日 ( )　①맏 형　②나무 목
　　　　　　③날 일　④구슬 옥

06 耳 ( )　①귀 이　②눈 목
　　　　　　③여섯 륙　④오른 우

07 名 ( )　①사람 인　②불 화
　　　　　　③아들 자　④이름 명

08 林 ( )　①큰 대　②물고기 어
　　　　　　③수풀 림　④일천 천

09 心 ( )　①마음 심　②쇠 금
　　　　　　③여자 녀　④어머니 모

10 己 ( )　①말 마　②먼저 선
　　　　　　③몸 기　④성씨 성

※ 뜻과 음에 알맞은 한자를 고르시오.

11 일천　천 ( )　①十 ②日 ③千 ④名

12 눈　　목 ( )　①目 ②中 ③門 ④牛

13 안　　내 ( )　①兄 ②馬 ③子 ④內

14 북녘　북 ( )　①口 ②北 ③七 ④姓

15 날　　출 ( )　①六 ②四 ③出 ④上

16 물고기 어 ( )　①木 ②男 ③魚 ④北

17 아우　제 ( )　①青 ②名 ③左 ④弟

18 다섯　오 ( )　①外 ②白 ③五 ④小

19 해　　년 ( )　①年 ②山 ③土 ④玉

20 물　　수 ( )　①女 ②大 ③火 ④水

※ 물음에 알맞은 답을 고르시오.

21 "사방을 각각 네 부분으로 나누는 모양"에서 '넷'의 뜻을 나타내는 한자는?　( )
　　①百　②四　③天　④二

22)父母님께서 23)남산으로 산책을 나가셨다.

22 윗글의 밑줄 친 '父母'의 뜻으로 바른 것은?
　　　　　　　　　　　　　　( )
　　①할아버지와 할머니 ②형과 아우
　　③아버지와 아들　④아버지와 어머니

23 윗글의 밑줄 친 '남산'을 한자로 바르게 쓴 것은? (　)

① 西男　② 南山　③ 南西　④ 西山

24 밑줄 친 부분에 해당하는 한자로 바르지 않은 것은? (　)

① 우리 마을 위에는 큰 강이 있다 : 上

② 서울역에 도착하니 일곱 시였다 : 七

③ 두 사람은 오랜 친구였다 : 三

④ 그는 나무로 가구를 만들었다 : 木

25 한자의 총획이 바르지 않은 것은? (　)

① 母 – 총5획　　② 先 – 총6획

③ 江 – 총6획　　④ 耳 – 총5획

26 '內'의 반의자(상대 또는 반대되는 뜻의 어휘)는? (　)

① 外　② 川　③ 土　④ 八

※ 어휘를 바르게 읽은 것을 고르시오.

27 目下 (　) ① 수하 ② 월하 ③ 일하 ④ 목하

28 入手 (　) ① 인수 ② 입수 ③ 입력 ④ 입문

29 中天 (　) ① 지천 ② 중심 ③ 중천 ④ 수천

30 玉石 (　) ① 금석 ② 옥석 ③ 수석 ④ 백석

31 青山 (　) ① 강산 ② 청천 ③ 청년 ④ 청산

※ 어휘의 뜻으로 알맞은 것을 고르시오.

32 五目 (　)

① 오목하게 들어간 눈

② 바둑 놀이의 하나

③ 귀와 눈

④ 다섯 가지 원소

33 父兄 (　)

① 아버지와 형

② 형과 아우

③ 아버지처럼 대하는 형

④ 부모와 자식

34 火力 (　)

① 불을 때는 아궁이의 아가리

② 모든 힘

③ 불이 탈 때에 내는 열의 힘

④ 사람의 힘

※ 낱말을 한자로 바르게 쓴 것을 고르시오.

35 대소 : 크고 작음 (　)

① 七大　② 小大　③ 大中　④ 大小

36 좌우 : 왼쪽과 오른쪽 (　)

① 內外　② 左右　③ 玉石　④ 水石

37 명문 : 이름 있는 집안 (　)

① 名門　② 名入　③ 大門　④ 水門

38 입금 : 은행 따위에 돈을 들여놓거나 들어온 돈 (　)

① 入力　② 出金　③ 入金　④ 一金

☞ 다음 면에 계속

※ 밑줄 친 어휘를 바르게 읽은 것을 고르시오.

39 그는 <u>東北</u> 지방 산간을 여행했다. ( )
① 동분 　② 동북 　③ 남동 　④ 남서

40 제야의 종소리가 <u>九天</u>에 울려 퍼졌다.( )
① 구자 　② 칠천 　③ 구천 　④ 칠대

41 <u>石耳</u>버섯은 흔히 깊은 산의 바위 위에 난다.
( )
① 석목 　② 우목 　③ 우이 　④ 석이

42 <u>土山</u>은 돌이나 바위가 없이 대부분 흙으로
만 이루어진 산을 이른다. ( )
① 토산 　② 수산 　③ 강산 　④ 사산

43 <u>下水</u> 처리 문제가 심각하다. ( )
① 입수 　② 하천 　③ 상수 　④ 하수

44 그녀는 이남 <u>二女</u> 중 막내이다. ( )
① 일녀 　② 장녀 　③ 삼녀 　④ 이녀

※ 물음에 알맞은 답을 고르시오.

47 "□心, 生□, □力"에서 □안에 공통으로
들어갈 한자로 바른 것은? ( )
① 心 　② 水 　③ 馬 　④ 林

48 '大人'의 반의어(상대 또는 반대되는 뜻의 어
휘)는? ( )
① 小大 　② 小人 　③ 大小 　④ 少女

49 "靑天白日"의 속뜻으로 옳은 것은? ( )
① 하늘이 맑게 갠 대낮
② 푸른 산에 흐르는 맑은 물
③ 이름난 산과 내
④ 하늘의 위와 아래라는 뜻

50 우리의 생활 태도로 바르지 않은 것은? ( )
① 형제 간에 사이좋게 지낸다.
② 부모님께서 부르시면 큰소리로 대답한다.
③ 맛있는 반찬이 없으면 부모님께 투정 부린다.
④ 부모님께 감사하는 마음을 갖는다.

※ 밑줄 친 부분을 한자로 바르게 쓴 것을
고르시오.

45)서남 아시아 및 이집트를 포함한 지역을
46)중동이라고 한다.

45 서남 ( )
① 北西 　② 西東 　③ 西南 　④ 山南

46 중동 ( )
① 東中 　② 北中 　③ 南中 　④ 中東

♣ 수고하셨습니다.

■ 다음 물음에 맞는 답의 번호를 골라 답안지의 해당 답란에 표시하시오.

※ 한자의 훈음으로 바른 것을 고르시오.

01 天 ( )   ①하늘 천   ②사내 남
            ③작을 소   ④큰 대

02 右 ( )   ①돌 석   ②왼 좌
            ③오른 우   ④서녘 서

03 姓 ( )   ①날 생   ②바깥 외
            ③쇠 금   ④성씨 성

04 耳 ( )   ①수풀 림   ②마음 심
            ③귀 이   ④눈 목

05 川 ( )   ①푸를 청   ②다섯 오
            ③석 삼   ④내 천

06 金 ( )   ①귀 이   ②쇠 금
            ③여섯 륙   ④오른 우

07 犬 ( )   ①들 입   ②개 견
            ③물 수   ④입 구

08 弟 ( )   ①해 년   ②녁 사
            ③아우 제   ④몸 기

09 魚 ( )   ①말 마   ②양 양
            ③물고기 어   ④돌 석

10 百 ( )   ①흰 백   ②맏 형
            ③동녘 동   ④일백 백

※ 뜻과 음에 알맞은 한자를 고르시오.

11 안 내 ( )   ①二 ②內 ③木 ④心

12 땅 지 ( )   ①土 ②牛 ③地 ④門

13 아홉 구 ( )   ①千 ②白 ③九 ④口

14 구슬 옥 ( )   ①足 ②子 ③先 ④玉

15 손 수 ( )   ①名 ②天 ③中 ④手

16 나무 목 ( )   ①木 ②十 ③北 ④四

17 남녘 남 ( )   ①下 ②南 ③女 ④男

18 눈 목 ( )   ①川 ②生 ③中 ④目

19 말 마 ( )   ①白 ②羊 ③馬 ④入

20 수풀 림 ( )   ①土 ②青 ③門 ④林

※ 물음에 알맞은 답을 고르시오.

21 "활활 타오르는 불꽃의 모양"을 본뜬 한자는?
                               ( )
    ①日   ②手   ③火   ④月

☞ 다음 면에 계속

그 문을 22) <u>出入</u>하는 23)<u>남자</u>가 셋 있었다.

22 위의 밑줄 친 '出入'의 뜻으로 가장 알맞은 것은? (　　)

① 사람이 세상에 태어남

② 나가고 들어옴

③ 밖으로 나감

④ 통장에서 돈을 쓰기 위해 꺼내는 일

23 위의 밑줄 '남자'를 한자로 바르게 쓴 것은? (　　)

① 子男　② 子女　③ 男女　④ 男子

24 밑줄 친 부분에 해당하는 한자로 바르지 <u>않은</u> 것은? (　　)

① 전라도 땅에는 논이 많다 : 地

② 한 덩어리의 빵을 셋으로 등분하였다 : 三

③ 돌을 다듬어 조각을 만들었다 : 石

④ 그와 나는 둘 다 키가 크다 : 八

25 한자의 총획이 바르지 <u>않은</u> 것은? (　　)

① 石 – 총5획　　② 子 – 총3획

③ 羊 – 총5획　　④ 名 – 총6획

26 '上'의 반의자(상대 또는 반대되는 뜻의 어휘)는? (　　)

① 內　② 外　③ 下　④ 小

※ 어휘를 바르게 읽은 것을 고르시오.

27 心中 (　　) ① 심신 ② 중심 ③ 인심 ④ 심중

28 人魚 (　　) ① 인생 ② 인어 ③ 입수 ④ 북어

29 白羊 (　　) ① 양우 ② 산양 ③ 백양 ④ 우마

30 名門 (　　) ① 북문 ② 명문 ③ 서문 ④ 석문

31 大入 (　　) ① 대어 ② 대지 ③ 대인 ④ 대입

※ 어휘의 뜻으로 알맞은 것을 고르시오.

32 土足 (　　)

① 흙과 나무를 아울러 이르는 말

② 흙이 묻은 발

③ 발이 땅에 닿아 있음

④ 땅의 주인

33 六月 (　　)

① 한해 열두 달 가운데 여섯째 달

② 여섯 날

③ 음력 칠월

④ 견우와 직녀가 만나는 달

34 石手 (　　)

① 솜씨가 남보다 뛰어난 사람

② 오른쪽 손

③ 돌을 다루어 물건을 만드는 사람

④ 나무를 다루어 집을 짓거나 물건을 만드는 일로 업을 삼는 사람

※ 낱말을 한자로 바르게 쓴 것을 고르시오.

35 선산 : 조상의 무덤 ( )

① 入山 ② 先山 ③ 先人 ④ 先生

36 목마 : 나무로 말의 모양처럼 만든 물건 ( )

① 大木 ② 木手 ③ 木馬 ④ 木魚

37 내심 : 겉으로 드러나지 않은 참마음 ( )

① 內心 ② 小心 ③ 外心 ④ 中心

38 주력 : 중심이 되는 힘 ( )

① 主心 ② 主力 ③ 主人 ④ 主上

※ 밑줄 친 어휘를 바르게 읽은 것을 고르시오.

39 대기 순서가 **七十**번이다. ( )

① 팔십 ② 육십 ③ 칠십 ④ 오십

40 한여름 햇볕이 따끔대서 **外出**도 못했다.

( )

① 외부 ② 외인 ③ 외식 ④ 외출

41 이 산은 **入山**이 금지되어 있다. ( )

① 입산 ② 입수 ③ 인산 ④ 인수

42 **大口**는 12월쯤 산란을 위해 동해로 온다.

( )

① 아구 ② 인구 ③ 대구 ④ 입구

43 우리나라의 **江山**은(는) 아름답다. ( )

① 산강 ② 강산 ③ 사산 ④ 강우

44 연꽃은 **水中** 식물이다. ( )

① 목중 ② 수중 ③ 화중 ④ 수상

※ 밑줄 친 부분을 한자로 바르게 쓴 것을 고르시오.

우리나라의 45)연중 평균기온은 일월이 가장 춥고, 46)팔월이 가장 더운 것으로 조사됐다.

45 연중 ( )

① 年下 ② 中內 ③ 年內 ④ 年中

46 팔월 ( )

① 八日 ② 八月 ③ 人月 ④ 八一

※ 물음에 알맞은 답을 고르시오.

47 "**門下生**"의 유의어(비슷한 뜻의 어휘)는?

( )

① 門人 ② 門內 ③ 門中 ④ 人門

48 "이목구비"는 '귀·눈·입·코를 중심으로 한 얼굴의 생김새'를 이르는 말이다. "이목구비" 에 해당하는 한자가 아닌 것은? ( )

① 耳 ② 目 ③ 心 ④ 口

49 "**兄弟手足**"의 속뜻으로 바른 것은? ( )

① 형제가 담 안에서 싸운다는 뜻

② 형제라도 언젠가는 헤어질 때가 있음

③ 형제는 손과 발과 같아서 떼어버릴 수 없는 관계임

④ 누구를 형이라 하고 누구를 아우라 하기 어려움

50 한자를 배우는 자세로 바르지 않은 것은?( )

① 한자가 만들어진 원리를 잘 생각한다.

② 한자는 음만 익혀서 쉽게 사용한다.

③ 바른 자세로 또박또박 쓰는 연습을 한다.

④ 한자의 훈과 음을 정확하게 익힌다.

♣ 수고하셨습니다.

■ 다음 물음에 맞는 답의 번호를 골라 답안지의 해당 답란에 표시하시오.

※ 한자의 훈음으로 바른 것을 고르시오.

01 名（　） 　①왼 좌　　②바깥 외
　　　　　　　　③마음 심　　④이름 명

02 馬（　） 　①물고기 어　②어머니 모
　　　　　　　　③말 마　　④서녘 서

03 九（　） 　①아홉 구　　②가운데 중
　　　　　　　　③몸 기　　④여섯 륙

04 玉（　） 　①달 월　　②아우 제
　　　　　　　　③강 강　　④구슬 옥

05 六（　） 　①여섯 륙　　②눈 목
　　　　　　　　③쇠 금　　④날 일

06 林（　） 　①성씨 성　　②나무 목
　　　　　　　　③수풀 림　　④하늘 천

07 石（　） 　①이름 명　　②돌 석
　　　　　　　　③오른 우　　④맏 형

08 耳（　） 　①위 상　　②해 년
　　　　　　　　③달 월　　④귀 이

09 靑（　） 　①아버지 부　②소 우
　　　　　　　　③푸를 청　　④먼저 선

10 水（　） 　①물 수　　②내 천
　　　　　　　　③땅 지　　④북녘 북

※ 뜻과 음에 알맞은 한자를 고르시오.

11 날 생（　） ①生 ②姓 ③目 ④十

12 소 우（　） ①六 ②己 ③內 ④牛

13 문 문（　） ①出 ②山 ③心 ④門

14 땅 지（　） ①母 ②地 ③金 ④西

15 아우 제（　） ①兄 ②弟 ③白 ④名

16 사내 남（　） ①下 ②左 ③父 ④男

17 달 월（　） ①羊 ②日 ③月 ④水

18 내 천（　） ①江 ②心 ③川 ④玉

19 손 수（　） ①金 ②百 ③火 ④手

20 일천 천（　） ①子 ②千 ③十 ④足

※ 물음에 알맞은 답을 고르시오.

21 "사물의 한가운데를 꿰뚫는 모양"을 나타내어 '가운데'의 뜻을 나타내는 한자는? （　）
　①外　　②上　　③天　　④中

22) 先生님께서는 잇따른 수해로 빈농이 23) 年年 증가하고 있다고 말씀하셨다.

22 위의 밑줄 친 '先生'을(를) 바르게 읽은 것은？
　　　　　　　　　　　　　（　）
　①형제　②선녀　③선생　④부모

23 위의 밑줄 친 '年年'의 뜻으로 바른 것은?
( )
① 내년　　　　② 밝은 해
③ 매해　　　　④ 작년

24 밑줄 친 부분에 해당하는 한자로 바르지 <u>않은</u> 것은? ( )
① 나의 하루 일정은 <u>여섯</u> 시부터이다 : 六
② <u>물고기</u>가 그물에 걸렸다 : 魚
③ 선생님 가르침을 <u>마음</u>속에 깊이 새겼다 : 心
④ <u>천</u> 개의 강을 비추는 달빛의 노래 : 百

25 한자의 총획이 바르지 <u>않은</u> 것은? ( )
① 東 – 총9획　　② 右 – 총5획
③ 內 – 총4획　　④ 木 – 총4획

26 '下'의 반의자(상대 또는 반대되는 뜻의 어휘)는? ( )
① 大　　② 上　　③ 入　　④ 小

※ 어휘를 바르게 읽은 것을 고르시오.

27 入口 ( )　① 입출 ② 출구 ③ 입구 ④ 출력

28 火力 ( )　① 수력 ② 화산 ③ 입력 ④ 화력

29 女心 ( )　① 여왕 ② 여자 ③ 여심 ④ 여인

30 江南 ( )　① 북남 ② 강북 ③ 서남 ④ 강남

31 白玉 ( )　① 백옥 ② 일옥 ③ 백왕 ④ 일왕

※ 어휘의 뜻으로 알맞은 것을 고르시오.

32 三南 ( )
① 셋째 아들
② 남쪽 지방
③ 충청도, 전라도, 경상도 세 지방을 통틀어 이르는 말
④ 남쪽으로 세 번 이사를 감

33 一己 ( )
① 그 사람 자신　　② 한가지 재주
③ 사람의 일생　　④ 자기 한 몸

34 先日 ( )
① 저녁때의 햇빛을 달리 이르는 말
② 지나온 과거의 날
③ 다가올 앞날
④ 먼 윗대의 조상

※ 낱말을 한자로 바르게 쓴 것을 고르시오.

35 출토 : 땅 속에 묻혀 있던 물건이 밖으로 나옴
( )
① 出土　② 出口　③ 土出　④ 土石

36 오목 : 바둑놀이의 하나 ( )
① 林木　② 六目　③ 五木　④ 五目

37 연상 : 나이가 많음 ( )
① 年中　② 年小　③ 年上　④ 年下

38 산양 : 염소 ( )
① 犬羊　② 山羊　③ 牛羊　④ 石羊

☞ 다음 면에 계속

※ 밑줄 친 어휘를 바르게 읽은 것을 고르시오.

39 父子간에 대화를 나눴다. (　)
① 모녀　② 부녀　③ 부자　④ 모자

40 오늘 저녁밥은 牛足 요리이다. (　)
① 우석　② 우족　③ 수족　④ 수명

41 아주머니는 시장에서 北魚 세 마리를 사셨다. (　)
① 강어　② 북어　③ 목어　④ 복어

42 金石을 뚫을 만한 쟁쟁한 이론이었다. (　)
① 금명　② 김석　③ 금석　④ 명석

43 그녀는 天心이 착한 사람이다. (　)
① 본심　② 인심　③ 천심　④ 소심

44 日下은(는) '하늘 아래 온 세상'이라는 뜻이다. (　)
① 수하　② 일하　③ 월하　④ 산하

※ 물음에 알맞은 답을 고르시오.

47 '木手'의 유의어(비슷한 뜻의 어휘)는? (　)
① 手足　② 木石　③ 木馬　④ 大木

48 '門內'의 반의어(상대 또는 반대되는 뜻의 어휘)는? (　)
① 門下　② 門人　③ 門中　④ 門外

49 "名山大川"의 속뜻으로 옳은 것은? (　)
① 이름과 실상이 서로 꼭 맞음
② 자연의 아름다운 풍경
③ 이름난 산과 큰 내
④ 이름난 집안의 자제

50 형제 간의 행동으로 바르지 않은 것은? (　)
① 출입할 때는 서로 양보한다.
② 형이기 때문에 맛있는 것은 혼자 다 먹는다.
③ 형은 동생을, 동생은 형을 생각하는 마음을 가진다.
④ 형제 간에 사이 좋게 지낸다.

※ 밑줄 친 부분을 한자로 바르게 쓴 것을 고르시오.

우리나라의 연중 평균 기온은 45)일월이 가장 춥고, 46)팔월이 가장 더운 것으로 조사됐다.

45 일월 (　)
① 二月　② 一月　③ 日月　④ 月下

46 팔월 (　)
① 人月　② 七月　③ 八月　④ 八一

♣ 수고하셨습니다.

■ 다음 물음에 맞는 답의 번호를 골라 답안지의 해당 답란에 표시하시오.

※ 한자의 훈음으로 바른 것을 고르시오.

01 己 ( )　　①흙 토　　②몸 기
　　　　　　　③여섯 륙　④가운데 중

02 名 ( )　　①해 년　　②개 견
　　　　　　　③어머니 모　④이름 명

03 六 ( )　　①여섯 륙　②나무 목
　　　　　　　③메 산　　　④소 우

04 五 ( )　　①아들 자　②구슬 옥
　　　　　　　③다섯 오　④여자 녀

05 地 ( )　　①땅 지　　②가운데 중
　　　　　　　③들 입　　　④작을 소

06 石 ( )　　①오른 우　②열 십
　　　　　　　③마음 심　④돌 석

07 天 ( )　　①하늘 천　②맏 형
　　　　　　　③왼 좌　　　④내 천

08 犬 ( )　　①쇠 금　　②개 견
　　　　　　　③강 강　　　④메 산

09 門 ( )　　①입 구　　②사내 남
　　　　　　　③문 문　　　④어머니 모

10 千 ( )　　①손 수　　②푸를 청
　　　　　　　③일천 천　④성씨 성

※ 뜻과 음에 알맞은 한자를 고르시오.

11 강　　강 ( )　①魚 ②川 ③水 ④江

12 동녘　동 ( )　①十 ②東 ③九 ④月

13 가운데 중 ( )　①弟 ②玉 ③中 ④人

14 손　　수 ( )　①生 ②石 ③手 ④西

15 오른　우 ( )　①外 ②北 ③足 ④右

16 귀　　이 ( )　①耳 ②七 ③目 ④火

17 몸　　기 ( )　①己 ②左 ③犬 ④口

18 아홉　구 ( )　①日 ②九 ③土 ④羊

19 흰　　백 ( )　①大 ②百 ③內 ④白

20 날　　생 ( )　①小 ②上 ③生 ④出

※ 물음에 알맞은 답을 고르시오.

21 "식물의 싹이 땅 위로 돋아나는 모양"을 본뜬 글자로 '나다'의 뜻을 가진 한자는?　( )
　　①上　　②山　　③木　　④出

함께 여행 온 22)남녀는 23)內外인 듯 보였다.

22 위의 밑줄 친 '남녀'를 한자로 바르게 쓴 것은?　　　　　　　　　　　　( )
　　①弟子　②女男　③男女　④兄弟

☞ 다음 면에 계속

23 위의 밑줄 친 '内外'의 뜻으로 가장 바른 것은? ( )

① 어머니와 딸 ② 아버지와 어머니

③ 남편과 아내 ④ 형과 아우

24 밑줄 친 부분에 해당하는 한자로 바르지 <u>않은</u> 것은? ( )

① 시월은 문화의 달이다 : 月

② 시원한 계곡 물에 발을 담그다 : 足

③ 사람은 만물의 영장이다 : 人

④ 흰색과 검은색 물감을 섞으면 회색이 된다 : 靑

25 한자의 총획이 바르지 <u>않은</u> 것은? ( )

① 六 – 총4획 ② 左 – 총6획

③ 土 – 총3획 ④ 馬 – 총10획

26 '南'의 반의자(상대 또는 반대되는 뜻의 어휘)는? ( )

① 林 ② 五 ③ 入 ④ 北

※ 어휘를 바르게 읽은 것을 고르시오.

27 石火 ( ) ① 석화 ② 우수 ③ 석수 ④ 명화

28 木馬 ( ) ① 목어 ② 목수 ③ 마력 ④ 목마

29 山川 ( ) ① 산지 ② 산수 ③ 산천 ④ 강산

30 百姓 ( ) ① 백옥 ② 백성 ③ 백수 ④ 백양

31 人力 ( ) ① 인력 ② 인구 ③ 명인 ④ 소인

※ 어휘의 뜻으로 알맞은 것을 고르시오.

32 青魚 ( )

① 연어과의 민물고기

② 마른 명태

③ 청어과의 바닷물고기

④ 냇물에 사는 물고기

33 五目 ( )

① 귀와 눈

② 다섯번째 눈

③ 오목하게 들어간 눈

④ 바둑 놀이의 하나

34 入手 ( )

① 손과 발 ② 손에 넣음

③ 손을 씻음 ④ 손 아랫사람

※ 낱말을 한자로 바르게 쓴 것을 고르시오.

35 명문 : 이름 있는 집안 ( )

① 西門 ② 名入 ③ 名門 ④ 金門

36 부형 : 아버지와 형 ( )

① 内外 ② 父兄 ③ 玉石 ④ 父母

37 선산 : 조상의 무덤이 있는 산 ( )

① 先山 ② 先上 ③ 先生 ④ 先王

38 중심 : 사물의 한가운데 ( )

① 天心 ② 小心 ③ 中心 ④ 人心

※ 밑줄 친 어휘를 바르게 읽은 것을 고르시오.

39 <u>下水</u> 처리 문제가 심각하다.　　（　）
① 상수　② 하수　③ 하천　④ 입수

40 올해 <u>人口</u> 주택 총조사를 실시했다.　（　）
① 인심　② 인공　③ 인력　④ 인구

41 이번 휴가는 <u>七日</u>부터 시작된다.　（　）
① 칠일　② 구월　③ 칠월　④ 구일

42 횡단보도를 건널 때는 <u>左右</u>를 살펴야 한다.
　　（　）
① 우측　② 내외　③ 좌우　④ 선후

43 태풍이 <u>北上</u>하면서 바람이 세어졌다.（　）
① 남하　② 북상　③ 상하　④ 남상

44 <u>石耳</u>버섯은 흔히 깊은 산의 바위 위에 난다.
　　（　）
① 우이　② 목이　③ 석이　④ 우목

※ 밑줄 친 부분을 한자로 바르게 쓴 것을 고르시오.

봄·여름·가을·겨울이 뚜렷한 우리나라는
45)일년 내내 아름다운 46)강산을 가지고 있다.

45 일년　　　　　　　　（　）
① 七年　② 一年　③ 年中　④ 十年

46 강산　　　　　　　　（　）
① 天下　② 山地　③ 江山　④ 山水

※ 물음에 알맞은 답을 고르시오.

47 동물을 가리키는 한자가 <u>아닌</u> 것은?　（　）
① 馬　② 南　③ 羊　④ 牛

48 '小人'의 반의어(상대 또는 반대되는 뜻의 어휘)는?　　（　）
① 小大　② 人小　③ 大小　④ 大人

49 "十中八九"의 속뜻으로 옳은 것은?　（　）
① 열 사람의 열 가지 색. 사람들의 모습이 다름
② 아홉은 열과 여덟 사이에 있음
③ 열 가운데 여덟이나 아홉 정도로 거의 대부분
④ 열해 동안 쌓은 공

50 부모님을 대하는 태도로 바른 것은?　（　）
① 부모님께 감사하는 마음을 갖는다.
② 부모님께 물건을 드릴 때는 한 손으로만 드린다.
③ 맛있는 반찬이 없으면 부모님께 투정 부린다.
④ 부모님께 비싼 장난감을 사달라고 조른다.

♣ 수고하셨습니다.

■ 다음 물음에 맞는 답의 번호를 골라 답안지의 해당 답란에 표시하시오.

※ 한자의 훈음으로 바른 것을 고르시오.

01 林 ( )   ①일곱 칠   ②나무 목
              ③수풀 림   ④물 수

02 羊 ( )   ①양 양   ②말 마
              ③여섯 륙   ④아들 자

03 耳 ( )   ①달 월   ②눈 목
              ③오른 우   ④귀 이

04 百 ( )   ①서녘 서   ②일백 백
              ③날 일   ④흰 백

05 門 ( )   ①열 십   ②바깥 외
              ③날 출   ④문 문

06 足 ( )   ①어머니 모 ②아홉 구
              ③발 족   ④아래 하

07 火 ( )   ①불 화   ②여자 녀
              ③물 수   ④작을 소

08 生 ( )   ①푸를 청   ②날 생
              ③땅 지   ④북녘 북

09 天 ( )   ①이름 명   ②몸 기
              ③일곱 칠   ④하늘 천

10 人 ( )   ①맏 형   ②들 입
              ③사람 인   ④흙 토

※ 뜻과 음에 알맞은 한자를 고르시오.

11 넉 사 ( )   ①四 ②六 ③父 ④月

12 사내 남 ( )   ①金 ②出 ③南 ④男

13 개 견 ( )   ①羊 ②牛 ③犬 ④魚

14 먼저 선 ( )   ①土 ②水 ③先 ④地

15 돌 석 ( )   ①日 ②右 ③口 ④石

16 위 상 ( )   ①上 ②八 ③下 ④子

17 나무 목 ( )   ①手 ②木 ③中 ④己

18 아우 제 ( )   ①年 ②姓 ③左 ④弟

19 동녘 동 ( )   ①外 ②生 ③母 ④東

20 안 내 ( )   ①千 ②心 ③內 ④馬

※ 물음에 알맞은 답을 고르시오.

21 "물이 끊임없이 흘러내리는 모양"을 나타내는 한자는?   ( )

    ①川   ②口   ③水   ④江

22 "金生이라는 인물은 예서, 행서, 초서에 능하여 '해동의 서성'이라고 불렸다"에서 밑줄 친 '金'의 뜻과 음으로 바른 것은?   ( )

    ①쇠 김   ②금나라 금

    ③성 김   ④쇠 금

23 "나는 회장 선거에 出馬하기로 결정했다"에서 밑줄 친 '出'의 뜻과 음으로 바른 것은? (   )

① 큰 대   ② 메 산   ③ 석 삼   ④ 날 출

24 밑줄 친 부분에 해당하는 한자로 바르지 <u>않은</u> 것은? (   )

① 이 글은 <u>세</u> 개의 단락으로 나눌 수 있다 : 三

② 새해에 우리는 산 정상에 올라 <u>해돋이</u>를 감상했다 : 月

③ 할머니는 <u>북녘</u> 땅에 두고 온 막내를 그리워하셨다 : 北

④ 두 <u>손</u> 모아 기도했다 : 手

25 한자의 총획이 바르지 <u>않은</u> 것은? (   )

① 母 – 총5획   ② 白 – 총5획

③ 名 – 총6획   ④ 五 – 총5획

26 '左'의 반의자(상대 또는 반대되는 뜻의 어휘) 는? (   )

① 出   ② 外   ③ 右   ④ 内

※ 어휘를 바르게 읽은 것을 고르시오.

27 水力 (   ) ① 수백 ② 수력 ③ 수생 ④ 수기

28 心中 (   ) ① 심중 ② 중심 ③ 인심 ④ 천심

29 耳目 (   ) ① 귀목 ② 이목 ③ 오목 ④ 월목

30 玉石 (   ) ① 옥수 ② 왕석 ③ 옥외 ④ 옥석

31 北魚 (   ) ① 목어 ② 문어 ③ 북어 ④ 복어

※ 어휘의 뜻으로 알맞은 것을 고르시오.

32 父母 (   )

① 형과 아우   ② 아버지와 어머니

③ 아버지와 형   ④ 남편과 아내

33 入手 (   )

① 손에 넣음

② 손을 씻음

③ 손 윗사람

④ 자신보다 나이나 지휘가 아래인 경우

34 年内 (   )

① 올해 안

② 한 해 동안

③ 자기보다 나이가 많음

④ 자기보다 나이가 적음

※ 낱말을 한자로 바르게 쓴 것을 고르시오.

35 백옥 : 흰 빛깔의 옥 (   )

① 白手   ② 白石   ③ 百玉   ④ 白玉

36 명산 : 이름난 산 (   )

① 名目   ② 名山   ③ 名手   ④ 名門

37 문하 : 가르침을 받는 스승의 아래 (   )

① 上下   ② 手下   ③ 門下   ④ 目下

38 대지 : 넓고 큰 땅 (   )

① 江林   ② 天地   ③ 木林   ④ 大地

☞ 다음 면에 계속

※ 밑줄 친 어휘를 바르게 읽은 것을 고르시오.

39 <u>木手</u>이(가) 많으면 기둥이 기울어진다.( )
① 목공 ② 석수 ③ 목사 ④ 목수

40 <u>青山</u>을(를) 벗 삼아 살고 싶다. ( )
① 정토 ② 청산 ③ 청수 ④ 정산

41 <u>六月</u>은 호국보훈의 달이다. ( )
① 구일 ② 육일 ③ 유월 ④ 구월

42 가혹한 정치에 <u>百姓</u>들의 원성이 자자했다.
( )
① 백성 ② 백생 ③ 일생 ④ 일성

43 일주일은 <u>七日</u>이다. ( )
① 휴일 ② 칠월 ③ 칠일 ④ 칠석

44 우리나라 <u>人口</u>의 70%가 접종을 완료하였다. ( )
① 입구 ② 인구 ③ 인명 ④ 입명

※ 밑줄 친 부분을 한자로 바르게 쓴 것을 고르시오.

45)<u>남북</u>으로 길게 뻗어 있는 우리나라의 46)<u>산수</u>는 아름답기로 유명하다.

45 남북 ( )
① 北南 ② 南西 ③ 南北 ④ 北西

46 산수 ( )
① 山水 ② 江水 ③ 山川 ④ 水心

※ 물음에 알맞은 답을 고르시오.

47 '門中'의 유의어(비슷한 뜻의 어휘)는? ( )
① 門外 ② 人門 ③ 門內 ④ 天門

48 다음 중 가장 큰 수의 한자는? ( )
① 百 ② 八 ③ 十 ④ 千

49 "三日天下"의 속뜻으로 옳은 것은? ( )
① 서너 사람 또는 대여섯 사람이 떼를 지은 모양
② 단단히 먹은 마음이 사흘을 가지 못한다.
③ 삼 일을 고민하고 결심함
④ 정권을 잡았다가 짧은 기간 내에 밀려나게 됨을 이르는 말

50 자녀의 행동으로 바르지 <u>않은</u> 것은? ( )
① 부모님께 감사하는 마음을 갖는다.
② 부모님이 말씀하시기 전에 자기의 일은 알아서 한다.
③ 부모님께서 항상 깨워야 일어난다.
④ 부모님께서 부르시면 빨리 대답한다.

♣ 수고하셨습니다.

■ 다음 물음에 맞는 답의 번호를 골라 답안지의 해당 답란에 표시하시오.

※ 한자의 훈음으로 바른 것을 고르시오.

01 先 ( )　①여섯 륙　②작을 소
　　　　　　　③아들 자　④먼저 선

02 生 ( )　①이름 명　②쇠 금
　　　　　　　③날 생　　④어머니 모

03 千 ( )　①일천 천　②흰 백
　　　　　　　③아래 하　④불 화

04 己 ( )　①오른 우　②몸 기
　　　　　　　③일곱 칠　④내 천

05 魚 ( )　①여자 녀　②말 마
　　　　　　　③물고기 어　④사람 인

06 耳 ( )　①물 수　　②귀 이
　　　　　　　③눈 목　　④날 일

07 山 ( )　①날 출　　②나무 목
　　　　　　　③메 산　　④수풀 림

08 玉 ( )　①구슬 옥　②강 강
　　　　　　　③들 입　　④동녘 동

09 足 ( )　①성씨 성　②달 월
　　　　　　　③바깥 외　④발 족

10 年 ( )　①해 년　　②다섯 오
　　　　　　　③돌 석　　④개 견

※ 뜻과 음에 알맞은 한자를 고르시오.

11 일백　백( )①月 ②目 ③百 ④日

12 수풀　림( )①中 ②木 ③水 ④林

13 흰　　백( )①白 ②青 ③門 ④上

14 이름　명( )①土 ②男 ③名 ④己

15 손　　수( )①天 ②手 ③生 ④足

16 어머니모( )①二 ②小 ③父 ④母

17 사내　남( )①牛 ②口 ③男 ④北

18 아홉　구( )①大 ②石 ③右 ④九

19 서녘　서( )①犬 ②西 ③金 ④外

20 아우　제( )①女 ②父 ③子 ④弟

※ 물음에 알맞은 답을 고르시오.

21 "사물의 한가운데를 꿰뚫는 모양"을 나타내어 '가운데'의 뜻을 가진 한자는? ( )
　①大　　②四　　③内　　④中

22)오월에 있는 선거에 후보자로 23)出馬를 하였다.

22 윗글에서 밑줄 친 '오월'을 한자로 바르게 쓴 것은? ( )
　①十月　②七月　③三月　④五月

☞ 다음 면에 계속

23 윗글에서 밑줄 친 '出馬'의 뜻으로 바른 것은? ( )

① 선거에 떨어짐　　② 선거에 입후보함

③ 말을 타고 나감　　④ 잘 뛰는 말

24 밑줄 친 부분에 해당하는 한자로 바르지 않은 것은? ( )

① 우리 집안은 아들이 귀하다 : 男

② 우리 동네에는 개가 많다 : 犬

③ 북악산은 서울 북쪽에 자리하고 있다 : 北

④ 강에는 다리가 놓여 있다 : 江

25 한자의 총획이 바르지 않은 것은? ( )

① 羊 – 총6획　　② 兄 – 총6획

③ 木 – 총4획　　④ 出 – 총5획

26 '地'의 반의자(상대 또는 반대되는 뜻의 어휘)는? ( )

① 日　　② 水　　③ 天　　④ 林

※ 어휘를 바르게 읽은 것을 고르시오.

27 靑年 ( )　① 청산② 백청③ 소년④ 청년

28 入口 ( )　① 입수② 인구③ 입출④ 입구

29 火力 ( )　① 인력② 수력③ 화력④ 마력

30 山羊 ( )　① 산양② 우양③ 목양④ 백양

31 石手 ( )　① 옥수② 석수③ 목석④ 목공

※ 어휘의 뜻으로 알맞은 것을 고르시오.

32 三南 ( )

① 삼년

② 셋째 아들

③ 남쪽으로 세 번 이사를 감

④ 충청도, 전라도, 경상도 세 지방을 통틀어 이르는 말

33 日出 ( )

① 해가 짐　　② 날마다

③ 해가 뜸　　④ 한평생 사는 동안

34 一己 ( )

① 한가지 재주　　② 자기 한 몸

③ 날씨　　④ 한평생 사는 동안

※ 낱말을 한자로 바르게 쓴 것을 고르시오.

35 생수 : 샘에서 솟아 나오는 맑은 물 ( )

① 名手　② 江水　③ 生水　④ 生日

36 목수 : 나무를 다루어 물건을 만드는 사람 ( )

① 水木　② 山林　③ 木手　④ 木林

37 소심 : 대범하지 못하고 지나치게 조심함 ( )

① 中心　② 天心　③ 人心　④ 小心

38 선금 : 무엇을 사거나 빌릴 때 먼저 치르는 돈 ( )

① 先山　② 先金　③ 先手　④ 先生

※ 밑줄 친 어휘를 바르게 읽은 것을 고르시오.

39 그는 **兄弟**이(가) 많은 집에서 자랐다. ( )
① 형제   ② 형수   ③ 제자   ④ 제형

40 태풍이 **北上**했다. ( )
① 남하   ② 상하   ③ 북상   ④ 북하

41 무궁화 **三千**리 화려 강산. ( )
① 백천   ② 수천   ③ 오천   ④ 삼천

42 우리나라를 **東土**라고도 부른다. ( )
① 남산   ② 동토   ③ 동산   ④ 남토

43 곱셈을 배우려면 **九九**단을 외워야 한다.
( )
① 구십   ② 구구   ③ 칠칠   ④ 팔팔

44 **玉石**도 닦아야 빛이 난다. ( )
① 보석   ② 옥돌   ③ 옥석   ④ 금석

※ 밑줄 친 부분을 한자로 바르게 쓴 것을
고르시오.

그는 45)인생 46)육십에 새로운 도전을 시작
했다.

45 인생 ( )
① 人生   ② 人口   ③ 人名   ④ 人力

46 육십 ( )
① 六千   ② 九十   ③ 六日   ④ 六十

※ 물음에 알맞은 답을 고르시오.

47 '**出金**'의 반의어(상대 또는 반대되는 뜻의 어
휘)는? ( )
① 出口   ② 大金   ③ 出入   ④ 入金

48 사람의 몸과 관련이 <u>없는</u> 한자는? ( )
① 口   ② 手   ③ 右   ④ 耳

49 "**父母兄弟**"의 속뜻으로 옳은 것은? ( )
① 남자 형제와 여자 형제를 아울러 이르는 말
② 아버지와 어머니, 형과 아우를 아울러 이
르는 말
③ 아버지와 아들 사이에는 친함이 있어야 한다.
④ 형제는 손과 발과 같아서 떼어버릴 수 없
는 관계를 이르는 말

50 부모님을 대하는 태도로 바르지 <u>않은</u> 것은?
( )
① 부모님이 말씀하시기 전에 자기의 일은 알
아서 한다.
② 부모님께 감사하는 마음을 갖는다.
③ 부모님이 주신 음식은 골고루 잘 먹는다.
④ 부모님이 말씀하시는 중간에 자주 끼어든다.

♣ 수고하셨습니다.

■ 다음 물음에 맞는 답의 번호를 골라 답안지의 해당 답란에 표시하시오.

※ 한자의 훈음으로 바른 것을 고르시오.

01 白 ( )
① 날 일   ② 흰 백
③ 눈 목   ④ 일백 백

02 地 ( )
① 나무 목   ② 흙 토
③ 녁 사   ④ 땅 지

03 姓 ( )
① 날 생   ② 여자 녀
③ 성씨 성   ④ 바깥 외

04 下 ( )
① 위 상   ② 내 천
③ 아래 하   ④ 하늘 천

05 出 ( )
① 여자 녀   ② 말 마
③ 메 산   ④ 날 출

06 魚 ( )
① 물고기 어   ② 말 마
③ 서녘 서   ④ 아우 제

07 先 ( )
① 들 입   ② 사람 인
③ 일천 천   ④ 먼저 선

08 心 ( )
① 가운데 중   ② 어머니 모
③ 물 수   ④ 마음 심

09 石 ( )
① 입 구   ② 돌 석
③ 구슬 옥   ④ 안 내

10 川 ( )
① 나무 목   ② 내 천
③ 문 문   ④ 물 수

※ 뜻과 음에 알맞은 한자를 고르시오.

11 푸를 청 ( )   ① 月 ② 天 ③ 白 ④ 靑

12 소 우 ( )   ① 名 ② 己 ③ 牛 ④ 犬

13 날 생 ( )   ① 足 ② 生 ③ 口 ④ 火

14 해 년 ( )   ① 年 ② 耳 ③ 東 ④ 金

15 강 강 ( )   ① 人 ② 十 ③ 江 ④ 右

16 수풀 림 ( )   ① 出 ② 林 ③ 外 ④ 小

17 구슬 옥 ( )   ① 子 ② 年 ③ 玉 ④ 魚

18 귀 이 ( )   ① 耳 ② 左 ③ 男 ④ 弟

19 남녘 남 ( )   ① 千 ② 兄 ③ 西 ④ 南

20 넉 사 ( )   ① 四 ② 八 ③ 五 ④ 九

※ 물음에 알맞은 답을 고르시오.

21 "무릎에서 발바닥까지를 본뜬 글자"로 '발'을 뜻하는 한자는?   ( )
① 手   ② 足   ③ 己   ④ 耳

> 우리 동네 가게의 22)金씨 아저씨는
> 23)三男一女의 자식을 두었다.

22 위의 밑줄 친 "金씨"에서 '金'의 뜻과 음으로 바른 것은?   ( )
① 쇠 김   ② 성 금   ③ 쇠 금   ④ 성 김

23 위의 밑줄 친 "三男一女"를 바르게 읽은 것은?
( )

① 이녀일남　　　② 삼녀일남

③ 삼남일녀　　　④ 이남일녀

24 밑줄 친 부분에 해당하는 한자로 바르지 <u>않은</u> 것은? ( )

① 강을 따라 가다 보면 그 <u>위</u>에 산이 있다 : 上

② 넷에 삼을 더하면 <u>일곱</u>이다 : 六

③ 소녀는 밝은 <u>달</u>을 한참동안 바라보았다 : 月

④ 그는 영화관 <u>안</u>으로 들어갔다 : 内

25 한자의 총획이 바르지 <u>않은</u> 것은? ( )

① 目 – 총5획　　　② 左 – 총5획

③ 門 – 총8획　　　④ 百 – 총7획

26 '小'의 반의자(상대 또는 반대되는 뜻의 어휘)는? ( )

① 千　　② 中　　③ 大　　④ 入

※ 어휘를 바르게 읽은 것을 고르시오.

27 出土 ( )　① 출토 ② 출입 ③ 출구 ④ 출생

28 犬馬 ( )　① 견마 ② 견양 ③ 우마 ④ 목마

29 白手 ( )　① 백양 ② 백수 ③ 백성 ④ 백일

30 江山 ( )　① 산수 ② 수산 ③ 강수 ④ 강산

31 名門 ( )　① 명장 ② 명수 ③ 명인 ④ 명문

※ 어휘의 뜻으로 알맞은 것을 고르시오.

32 先生 ( )

① 돌아가신 아버지를 이르는 말

② 조상의 무덤

③ 이전에 마음속에 듦

④ 학생을 가르치는 사람

33 兄弟 ( )

① 언니의 남편　　　② 아버지의 형

③ 아내의 여동생　　④ 형과 아우

34 百姓 ( )

① 여러모로

② 나라를 다스리는 통치자

③ 나라의 근본을 이루는 일반 국민

④ 십의 열 배가 되는 수

※ 낱말을 한자로 바르게 쓴 것을 고르시오.

35 입산 : 산에 들어감 ( )

① 入金　② 入手　③ 入門　④ 入山

36 일출 : 해가 뜸 ( )

① 月出　② 日出　③ 日上　④ 月日

37 옥석 : 구슬과 돌. 좋은 것과 나쁜 것 ( )

① 火石　② 玉石　③ 水石　④ 木石

38 중천 : 하늘의 한가운데 ( )

① 地天　② 大天　③ 中心　④ 中天

☞ 다음 면에 계속

※ 밑줄 친 어휘를 바르게 읽은 것을 고르시오.

39 그 시인은 <u>靑山</u>을 벗 삼아 살았다. ( )
① 강산 ② 산천 ③ 청산 ④ 청천

40 어머니께서 <u>北魚</u>를 사 오셨다. ( )
① 북어 ② 청어 ③ 연어 ④ 산어

41 우리나라는 <u>南北</u>으로 나뉘어 있다. ( )
① 남북 ② 남동 ③ 동서 ④ 북동

42 <u>手中</u>에 현금이 없다. ( )
① 수심 ② 수상 ③ 수중 ④ 손중

43 가까운 산골에서 <u>生水</u>를 구해 마셨다. ( )
① 생명 ② 생수 ③ 생각 ④ 생기

44 박물관 공사는 <u>年內</u>에 완공될 예정이다. ( )
① 연중 ② 연내 ③ 일년 ④ 연말

※ 밑줄 친 부분을 한자로 바르게 쓴 것을 고르시오.

온 45)<u>산천</u>이 푸르른 여름날 46)<u>제자</u>들과 여행을 떠났다.

45 산천 ( )
① 山天 ② 江水 ③ 山川 ④ 江川

46 제자 ( )
① 父女 ② 父兄 ③ 弟子 ④ 母子

※ 물음에 알맞은 답을 고르시오.

47 '門中'의 유의어(비슷한 뜻의 어휘)는? ( )
① 門外 ② 大門 ③ 門內 ④ 入門

48 "오누이는 하늘로 올라가 해와 달이 되었다"에서 밑줄 친 '해와 달'을 뜻하는 어휘는? ( )
① 一木 ② 日山 ③ 一月 ④ 日月

49 "三三五五"의 속뜻으로 옳은 것은? ( )
① 정권을 잡았다가 짧은 기간 내에 밀려나게 됨
② 이름난 산과 내
③ 한 사람이 온 세상을 지배함
④ 서너 사람 또는 대여섯 사람이 떼를 지어 다니거나 무슨 일을 함

50 우리의 평소 행동으로 바르지 <u>않은</u> 것은? ( )
① 외출할 때는 아무도 모르게 나간다.
② 식사는 부모님이 먼저 드시는 것을 본 후에 먹는다.
③ 집에 돌아오면 손을 깨끗이 씻는다.
④ 부모님 말씀은 잘 경청한다.

♣ 수고하셨습니다.

■ 다음 물음에 맞는 답의 번호를 골라 답안지의 해당 답란에 표시하시오.

※ 한자의 훈음으로 바른 것을 고르시오.

01 姓 ( ) ①아버지 부 ②성씨 성
③날 생 ④여자 녀

02 玉 ( ) ①쇠 금 ②아래 하
③구슬 옥 ④서녘 서

03 川 ( ) ①하늘 천 ②들 입
③내 천 ④강 강

04 中 ( ) ①여섯 륙 ②입 구
③일곱 칠 ④가운데 중

05 羊 ( ) ①양 양 ②소 우
③돌 석 ④안 내

06 名 ( ) ①날 생 ②위 상
③아홉 구 ④이름 명

07 己 ( ) ①열 십 ②몸 기
③작을 소 ④땅 지

08 母 ( ) ①날 일 ②사내 남
③어머니 모 ④동녘 동

09 北 ( ) ①물고기 어 ②푸를 청
③해 년 ④북녘 북

10 馬 ( ) ①바깥 외 ②사람 인
③말 마 ④개 견

※ 뜻과 음에 알맞은 한자를 고르시오.

11 아우 제 ( ) ①左 ②弟 ③土 ④山

12 날 출 ( ) ①入 ②出 ③内 ④右

13 일백 백 ( ) ①白 ②名 ③百 ④月

14 맏 형 ( ) ①女 ②母 ③兄 ④子

15 눈 목 ( ) ①木 ②耳 ③口 ④目

16 쇠 금 ( ) ①金 ②水 ③西 ④上

17 날 일 ( ) ①大 ②日 ③青 ④月

18 여섯 육 ( ) ①生 ②川 ③右 ④六

19 수풀 림 ( ) ①年 ②魚 ③犬 ④林

20 마음 심 ( ) ①足 ②門 ③心 ④手

※ 물음에 알맞은 답을 고르시오.

21 밭과 쟁기를 함께 그려 '농사일을 하는 사람' 에서 점차 '남자'를 뜻하게 된 한자는? ( )
①子 ②弟 ③父 ④男

22)東西를 통틀어도 우리나라와 같이
23)南北으로 나눠진 나라는 지구상에 없다.

22 위의 밑줄 친 '東西'의 뜻으로 바른 것은?( )
①동문과 북문 ②동해와 남해
③동양과 서양 ④동쪽과 서쪽의 중간

☞ 다음 면에 계속

23 윗글의 밑줄 친 '南北'을(를) 바르게 읽은 것은? ( )

① 동북　② 남동　③ 남북　④ 서북

24 밑줄 친 부분에 해당하는 한자로 바르지 <u>않은</u> 것은? ( )

① 그는 <u>나무</u>로 가구를 만들었다 : 月

② <u>팔</u>월 십오일은 광복절이다 : 八

③ <u>손</u>에 묻은 흙을 털다 : 手

④ <u>입</u> 안에 군침이 돌다 : 口

25 한자의 총획이 바르지 <u>않은</u> 것은? ( )

① 先 – 총5획　　② 玉 – 총5획

③ 出 – 총5획　　④ 女 – 총3획

26 '右'의 반의자(상대 또는 반대되는 뜻의 어휘)는? ( )

① 月　　② 左　　③ 七　　④ 三

※ 어휘를 바르게 읽은 것을 고르시오.

27 土地 ( ) ① 천생 ② 천지 ③ 토지 ④ 토목

28 下手 ( ) ① 지하 ② 상하 ③ 상수 ④ 하수

29 內心 ( ) ① 소심 ② 내심 ③ 수심 ④ 천심

30 生日 ( ) ① 선산 ② 선생 ③ 생수 ④ 생일

31 白玉 ( ) ① 백옥 ② 백금 ③ 백수 ④ 백일

※ 어휘의 뜻으로 알맞은 것을 고르시오.

32 林木 ( )

① 대나무 숲　　② 크고 넓은 집

③ 숲의 나무　　④ 산과 숲

33 北魚 ( )

① 고등어과 바닷물고기

② 민물고기

③ 북쪽 바다

④ 말린 명태

34 心地 ( )

① 사물의 한가운데

② 하나로 합쳐진 마음

③ 마음의 본바탕

④ 사람의 생활과 활동에 이용하는 땅

※ 낱말을 한자로 바르게 쓴 것을 고르시오.

35 강남 : 강의 남쪽 지역 ( )

① 江東　② 江南　③ 江西　④ 江北

36 대입 : 대학교 입학의 줄임말 ( )

① 大入　② 入口　③ 小大　④ 入手

37 목하 : 눈앞의 형편, 아래 ( )

① 手下　② 地下　③ 上下　④ 目下

38 수력 : 흐르거나 떨어지는 물의 힘 ( )

① 馬力　② 人力　③ 水力　④ 火力

※ 밑줄 친 어휘를 바르게 읽은 것을 고르시오.

39 돈이 <u>人生</u>의 전부는 아니다. ( )
　① 인간　② 생일　③ 일생　④ 인생

40 그 <u>青年</u>은 컴퓨터 박사이다. ( )
　① 소녀　② 청년　③ 소년　④ 청춘

41 그녀는 이남 <u>三女</u> 중 막내이다. ( )
　① 일녀　② 장녀　③ 이녀　④ 삼녀

42 경주의 천마총에는 <u>白馬</u>가 그려져 있었다. ( )
　① 목마　② 죽마　③ 백마　④ 흰마

43 <u>外出</u>을 하려는데 때마침 비가 멎었다. ( )
　① 외출　② 외식　③ 외지　④ 외부

44 <u>下水</u> 처리 문제가 심각하다. ( )
　① 하수　② 하천　③ 상수　④ 입수

※ 물음에 알맞은 답을 고르시오.

47 '木手'의 유의어는? ( )
　① 山林　② 大木　③ 大林　④ 木林

48 '子女'의 반의어는? ( )
　① 女子　② 男子　③ 父母　④ 母女

49 "青天白日"의 속뜻으로 옳은 것은? ( )
　① 이름난 산과 내
　② 푸른 산에 흐르는 맑은 물
　③ 하늘의 위와 아래라는 뜻
　④ 하늘이 맑게 갠 대낮

50 평소 우리의 행동으로 바르지 <u>않은</u> 것은?( )
　① 부모님께 감사하는 마음을 갖는다.
　② 형제 간에 사이좋게 지낸다.
　③ 식사를 할 때는 맛있는 음식만 골라 먹는다.
　④ 부모님께서 부르시면 큰소리로 대답한다.

※ 밑줄 친 부분을 한자로 바르게 쓴 것을 고르시오.

45)일 년 열두 달이 저물고 어느덧 46)이천이 십육년을 바라 본다.

45 일년 ( )
　① 年月　② 一月　③ 三年　④ 一年

46 이천 ( )
　① 耳千　② 二天　③ 二千　④ 二川

♣ 수고하셨습니다.

■ 다음 물음에 맞는 답의 번호를 골라 답안지의 해당 답란에 표시하시오.

※ 한자의 훈음으로 바른 것을 고르시오.

01 千 ( )   ① 일천 천 ② 가운데 중
             ③ 석 삼   ④ 흙 토

02 己 ( )   ① 마음 심 ② 맏 형
             ③ 사람 인 ④ 몸 기

03 耳 ( )   ① 큰 대   ② 손 수
             ③ 눈 목   ④ 귀 이

04 地 ( )   ① 북녘 북 ② 땅 지
             ③ 아우 제 ④ 다섯 오

05 石 ( )   ① 돌 석   ② 나무 목
             ③ 수풀 림 ④ 불 화

06 魚 ( )   ① 성씨 성 ② 물고기 어
             ③ 말 마   ④ 입 구

07 出 ( )   ① 아래 하 ② 들 입
             ③ 쇠 금   ④ 날 출

08 名 ( )   ① 강 강   ② 양 양
             ③ 이름 명 ④ 발 족

09 目 ( )   ① 눈 목   ② 달 월
             ③ 날 일   ④ 흰 백

10 水 ( )   ① 나무 목 ② 물 수
             ③ 내 천   ④ 사람 인

※ 뜻과 음에 알맞은 한자를 고르시오.

11 문   문 ( ) ① 天 ② 四 ③ 門 ④ 內

12 먼저 선 ( ) ① 姓 ② 靑 ③ 山 ④ 先

13 해   년 ( ) ① 馬 ② 月 ③ 千 ④ 年

14 일백 백 ( ) ① 百 ② 三 ③ 日 ④ 己

15 푸를 청 ( ) ① 兄 ② 靑 ③ 生 ④ 耳

16 아홉 구 ( ) ① 九 ② 七 ③ 牛 ④ 犬

17 수풀 림 ( ) ① 外 ② 出 ③ 木 ④ 林

18 서녘 서 ( ) ① 四 ② 入 ③ 西 ④ 東

19 메   산 ( ) ① 火 ② 水 ③ 山 ④ 石

20 아버지부 ( ) ① 母 ② 名 ③ 五 ④ 父

※ 물음에 알맞은 답을 고르시오.

21 "활활 타오르는 불꽃의 모양"을 본뜬 한자는?
                             ( )
    ① 口   ② 山   ③ 火   ④ 白

22 "十月 9일은 한글날이다"에서 밑줄 친 '十月'을 바르게 읽은 것은? ( )
    ① 오월 ② 팔월 ③ 칠월 ④ 시월

23 "그 男子는 서른 살 정도로 보였다" 에서 밑줄 친 '男'의 뜻과 음으로 바른 것은? (   )

① 사내 남　　② 아들 자

③ 맏 형　　　④ 남녘 남

24 밑줄 친 부분에 해당하는 한자로 바르지 <u>않은</u> 것은? (   )

① 동생은 나보다 키가 훨씬 <u>크다</u> : 大

② 해는 동쪽에서 떠서 <u>서쪽</u>으로 진다 : 東

③ <u>하늘</u>에 구름 한점 없다 : 天

④ 우리 학교 학생 <u>세</u>명 모두 합격하였다 : 三

25 한자의 총획이 바르지 <u>않은</u> 것은? (   )

① 北 – 총5획　　② 金 – 총8획

③ 百 – 총7획　　④ 年 – 총6획

26 '外'의 반의자(상대 또는 반대되는 뜻의 어휘)는? (   )

① 中　② 入　③ 左　④ 内

※ 어휘를 바르게 읽은 것을 고르시오.

27 水力 (   ) ① 수족 ② 수기 ③ 수생 ④ 수력

28 人魚 (   ) ① 인생 ② 인심 ③ 인어 ④ 인명

29 玉石 (   ) ① 화석 ② 백옥 ③ 금옥 ④ 옥석

30 中心 (   ) ① 소심 ② 중심 ③ 인심 ④ 수심

31 山羊 (   ) ① 산림 ② 백양 ③ 산양 ④ 산지

※ 어휘의 뜻으로 알맞은 것을 고르시오.

32 父母 (   )

① 형과 아우　　② 아버지와 어머니

③ 남편과 아내　④ 아버지와 형

33 先日 (   )

① 저녁때의 햇빛을 달리 이르는 말

② 다가올 앞날

③ 지나온 과거의 날

④ 먼 윗대의 조상

34 日出 (   )

① 해가 뜸　　　② 한평생 사는 동안

③ 해가 짐　　　④ 날마다

※ 낱말을 한자로 바르게 쓴 것을 고르시오.

35 목마 : 나무로 말의 모양처럼 만든 물건 (   )

① 金馬　② 牛馬　③ 木馬　④ 白馬

36 산지 : 들이 적고 산이 많은 지대 (   )

① 山地　② 山川　③ 天地　④ 大地

37 수심 : 강이나 호수 따위의 한가운데 (   )

① 水足　② 水白　③ 水心　④ 水力

38 월출 : 달이 지평선 위로 떠오름 (   )

① 入出　② 日月　③ 日出　④ 月出

☞ 다음 면에 계속

※ 밑줄 친 어휘를 바르게 읽은 것을 고르시오.

39 이 지역은 **年中** 온화한 날씨가 계속된다.
( )
① 연내　② 연중　③ 연상　④ 연하

40 이 고장은 **人心**이 아주 후하다. ( )
① 중심　② 수심　③ 인심　④ 천심

41 횡단보도를 건널 때에 **左右**를 살펴야 한다.
( )
① 좌수　② 좌우　③ 우족　④ 상하

42 그는 외가가 있는 시골에서 **出生**했다. ( )
① 출입　② 출력　③ 출마　④ 출생

43 **地下**에는 많은 광물이 매장되어 있다. ( )
① 천지　② 외지　③ 지하　④ 지상

44 자격증 시험일이 **百日** 앞으로 다가왔다. ( )
① 육일　② 십일　③ 천일　④ 백일

※ 밑줄 친 부분을 한자로 바르게 쓴 것을
고르시오.

45)**남북**으로 길게 **뻗어** 있는 우리나라의
46)**산수**는 아름답기로 유명하다.

45 남북 ( )
① 南北　② 北西　③ 東西　④ 北南

46 산수 ( )
① 山川　② 江水　③ 水林　④ 山水

※ 물음에 알맞은 답을 고르시오.

47 '**門下生**'의 유의어(비슷한 뜻의 어휘)는?
( )
① 子弟　② 門人　③ 門外　④ 門中

48 '**小人**'의 반의어(상대 또는 반대되는 뜻의 어휘)는? ( )
① 小心　② 小大　③ 大人　④ 大小

49 "**南男北女**"의 속뜻으로 옳은 것은? ( )
① 모든 방향을 이르는 말
② 남자는 남쪽, 여자는 북쪽지방에 잘난 사람이 많음
③ 남자는 북쪽, 여자는 남쪽지방에 잘난 사람이 많음
④ 모든 사람을 이르는 말

50 부모님을 대하는 태도로 바르지 않은 것은?
( )
① 부모님이 말씀하시기 전에 자기의 일은 알아서 한다.
② 부모님께서 부르시면 빨리 대답한다.
③ 부모님께 감사하는 마음을 갖는다.
④ 부모님께 물건을 드릴 때는 한 손으로 드린다.

♣ 수고하셨습니다.

■ 다음 물음에 맞는 답의 번호를 골라 답안지의 해당 답란에 표시하시오.

※ 한자의 훈음으로 바른 것을 고르시오.

01 大 ( )   ①사람 인   ②큰 대
               ③일천 천   ④하늘 천

02 姓 ( )   ①성씨 성   ②여자 녀
               ③아들 자   ④날 생

03 牛 ( )   ①소 우   ②양 양
               ③오른 우   ④입 구

04 先 ( )   ①날 출   ②수풀 림
               ③내 천   ④먼저 선

05 己 ( )   ①강 강   ②일곱 칠
               ③몸 기   ④맏 형

06 百 ( )   ①일백 백   ②넉 사
               ③흰 백   ④돌 석

07 中 ( )   ①귀 이   ②가운데 중
               ③손 수   ④안 내

08 入 ( )   ①날 일   ②메 산
               ③들 입   ④땅 지

09 犬 ( )   ①오른 우   ②개 견
               ③아버지 부   ④여덟 팔

10 出 ( )   ①해 년   ②나무 목
               ③날 출   ④땅 지

※ 뜻과 음에 알맞은 한자를 고르시오.

11 쇠 금 ( )   ①上 ②金 ③土 ④北

12 발 족 ( )   ①魚 ②手 ③生 ④足

13 동녘 동 ( )   ①心 ②靑 ③月 ④東

14 사내 남 ( )   ①玉 ②白 ③男 ④六

15 아홉 구 ( )   ①火 ②九 ③林 ④姓

16 강 강 ( )   ①江 ②五 ③父 ④大

17 바깥 외 ( )   ①內 ②千 ③外 ④目

18 아래 하 ( )   ①上 ②木 ③月 ④下

19 문 문 ( )   ①門 ②十 ③口 ④石

20 아우 제 ( )   ①二 ②弟 ③母 ④馬

※ 물음에 알맞은 답을 고르시오.

21 "사방을 각각 네 부분으로 나누는 모양"에서 '넷'의 뜻을 나타내는 한자는? ( )
     ①八   ②母   ③西   ④四

> 선생님께서는 22)弟子에게 앞으로는 좋은 일들만 23)百出할 것이라고 말씀하셨다.

22 위의 밑줄 친 "弟子"를 바르게 읽은 것은? ( )
     ①자제   ②형제   ③제자   ④제형

☞ 다음 면에 계속

23 위의 밑줄 친 "百出"의 뜻으로 바른 것은?　　　　（　　）

① 온갖 일의 실마리
② 여러 가지로 많이 나옴
③ 온갖 맛있는 음식
④ 여러 가지 모양새

24 밑줄 친 부분에 해당하는 한자로 바르지 않은 것은?　　　　（　　）

① 소녀는 밝은 달을 한참동안 바라보았다 : 月
② 사에 이를 곱하면 팔이 된다 : 八
③ 그는 영화관 안으로 들어갔다 : 內
④ 길 가운데에 차가 서 있다 : 左

25 한자의 총획이 바르지 않은 것은?　　（　　）

① 林 – 총8획　　② 出 – 총6획
③ 兄 – 총5획　　④ 靑 – 총8획

26 '地'의 반의자(상대 또는 반대되는 뜻의 어휘)는?　　　　（　　）

① 天　　② 出　　③ 入　　④ 口

※ 어휘를 바르게 읽은 것을 고르시오.

27 下手（　　）①입수②목수③상수④하수

28 名門（　　）①명장②명문③명인④명수

29 出馬（　　）①출력②출입③출마④출생

30 生水（　　）①강산②생수③산수④생목

31 大魚（　　）①대어②대지③대입④대마

※ 어휘의 뜻으로 알맞은 것을 고르시오.

32 百姓　　　　（　　）
① 여러모로
② 나라를 다스리는 통치자
③ 나라의 근본을 이루는 일반 국민
④ 십의 열 배가 되는 수

33 己心　　　　（　　）
① 겉으로 드러나지 아니한 실제의 마음
② 자기의 마음
③ 선량한 마음
④ 본디부터 변함없이 그대로 가지고 있는 마음

34 一月　　　　（　　）
① 해와 달
② 달이 떠오름
③ 한 해 열두 달 가운데 첫째 달
④ 한 해 열두 달 가운데 열째 달

※ 낱말을 한자로 바르게 쓴 것을 고르시오.

35 명목 : 겉으로 내세우는 말　　（　　）
① 木耳　② 名目　③ 五目　④ 木手

36 백양 : 털빛이 흰 양　　（　　）
① 牛羊　② 木魚　③ 白馬　④ 白羊

37 성명 : 성과 이름　　（　　）
① 右姓　② 人名　③ 生日　④ 姓名

38 입금 : 은행 따위에 돈을 들여놓거나 들어온 돈　　（　　）
① 入金　② 入出　③ 出金　④ 出入

※ 밑줄 친 어휘를 바르게 읽은 것을 고르시오.

39 그는 건물 地下 주차장에 차를 세워 두었다. ( )

① 천지　② 지상　③ 지면　④ 지하

40 신라 시대의 유물에서 갑옷이 出土되었다. ( )

① 출생　② 출입　③ 출토　④ 출력

41 나는 金九 선생의 책을 읽었다. ( )

① 김구　② 금구　③ 금오　④ 김오

42 할머니께서 北魚국을 해 주셨다. ( )

① 청어　② 북어　③ 산어　④ 문어

43 그는 東西 문학의 고전들을 두루 섭렵하였다. ( )

① 서남　② 남동　③ 동서　④ 북서

44 금강산은 우리나라의 대표적인 名山이다. ( )

① 명문　② 명수　③ 명인　④ 명산

※ 밑줄 친 부분을 한자로 바르게 쓴 것을 고르시오.

45)산천은 싱그러운 녹음을 선사해 주었고
46)부자는 오손도손 산책을 나섰다.

45 산천 ( )

① 山千　② 山天　③ 山水　④ 山川

46 부자 ( )

① 父女　② 父子　③ 母子　④ 父母

※ 물음에 알맞은 답을 고르시오.

47 '大木'의 유의어(비슷한 뜻의 어휘)는? ( )

① 大門　② 木手　③ 大小　④ 門人

48 "이목구비"는 '귀·눈·입·코를 중심으로 한 얼굴의 생김새'를 이르는 말이다. "이목구비"에 해당하는 한자가 아닌 것은? ( )

① 目　② 口　③ 九　④ 耳

49 "十中八九"의 속뜻으로 옳은 것은? ( )

① 한 사람이 온 세상을 지배함

② 서너 사람 또는 대여섯 사람이 떼를 지어 다니거나 무슨 일을 함

③ 열 가운데 여덟이나 아홉이 됨

④ 여덟이나 아홉 명으로 무리 지어 다님

50 한자를 배우는 자세로 바르지 않은 것은? ( )

① 바른 자세로 또박또박 쓰는 연습을 한다.

② 한자가 만들어진 원리를 잘 생각한다.

③ 한자의 훈과 음을 정확하게 익힌다.

④ 한자는 음만 익혀서 두루 사용한다.

♣수고하셨습니다.

■ 다음 물음에 맞는 답의 번호를 골라 답안지의 해당 답란에 표시하시오.

※ 한자의 훈음으로 바른 것을 고르시오.

01 石 ( ) ①입구   ②돌 석
        ③오른 우 ④구슬 옥

02 千 ( ) ①물 수   ②아래 하
        ③일천 천 ④사람 인

03 入 ( ) ①아우 제 ②들 입
        ③날 출   ④성씨 성

04 牛 ( ) ①손 수   ②양 양
        ③여섯 륙 ④소 우

05 林 ( ) ①수풀 림 ②맏 형
        ③흙 토   ④나무 목

06 川 ( ) ①날 일   ②내 천
        ③하늘 천 ④강 강

07 十 ( ) ①달 월   ②안 내
        ③눈 목   ④열 십

08 金 ( ) ①여덟 팔 ②어머니 모
        ③쇠 금   ④성씨 성

09 百 ( ) ①흰 백   ②날 일
        ③일백 백 ④다섯 오

10 年 ( ) ①물고기 어 ②해 년
        ③발 족   ④가운데 중

※ 뜻과 음에 알맞은 한자를 고르시오.

11 날 일( ) ①子 ②日 ③生 ④己

12 이름 명( ) ①目 ②弟 ③心 ④名

13 맏 형( ) ①兄 ②男 ③父 ④東

14 먼저 선( ) ①女 ②小 ③先 ④江

15 땅 지( ) ①入 ②地 ③大 ④日

16 푸를 청( ) ①土 ②北 ③四 ④青

17 입 구( ) ①江 ②口 ③上 ④水

18 개 견( ) ①姓 ②林 ③足 ④犬

19 왼 좌( ) ①石 ②羊 ③左 ④天

20 귀 이( ) ①馬 ②耳 ③火 ④水

※ 물음에 알맞은 답을 고르시오.

21 "풀의 싹이 땅 위에 나온 모양"을 본뜬 자로, '나다', '살다'를 뜻하는 한자는?   ( )
   ①姓   ②出   ③生   ④日

22)年年 23)八月 광복절에는 순국선열들을 위한 추도식을 엄수한다.

22 위의 밑줄 친 '年年'의 뜻으로 바른 것은?
                              ( )
   ①매년 ②매일 ③매달 ④매회

23 위의 밑줄 친 '八月'을 바르게 읽은 것은?
　　　　　　　　　　　　　　　　　（　）
① 오월　② 구월　③ 칠월　④ 팔월

24 밑줄 친 부분에 해당하는 한자로 바르지 않은 것은?　　　　　　　　　　　　　（　）
① 정원에 과일나무 몇 그루를 심었다 : 木
② 오늘 저녁은 바깥에서 외식을 하기로 했다 : 外
③ 강 가운데 배가 떠 있다 : 中
④ 견우와 직녀는 칠월 칠석이 되어야 만날 수 있다 : 八

25 한자의 총획이 바르지 않은 것은?　（　）
① 門 – 총8획　　② 弟 – 총7획
③ 南 – 총8획　　④ 羊 – 총6획

26 '足'의 반의자(상대 또는 반대되는 뜻의 어휘)는?　　　　　　　　　　　　　　（　）
① 己　② 手　③ 內　④ 水

※ 어휘를 바르게 읽은 것을 고르시오.

27 玉石（　）① 금석 ② 우석 ③ 옥석 ④ 수석

28 江山（　）① 강남 ② 강산 ③ 강수 ④ 산천

29 先生（　）① 선조 ② 선생 ③ 선천 ④ 선입

30 馬力（　）① 수력 ② 인력 ③ 화력 ④ 마력

31 月出（　）① 출입 ② 일출 ③ 월출 ④ 일월

※ 어휘의 뜻으로 알맞은 것을 고르시오.

32 耳目　　　　　　　　　　　　（　）
① 귀와 눈　　　　② 눈이 아픈 증상
③ 다섯 가지 원소　④ 배나무

33 天下　　　　　　　　　　　　（　）
① 하늘 위　　　　② 편안한 세상
③ 깨끗하다　　　　④ 온 세상

34 水土　　　　　　　　　　　　（　）
① 물과 하늘　　　② 국토를 지킴
③ 맑은 샘물　　　④ 물과 흙

※ 낱말을 한자로 바르게 쓴 것을 고르시오.

35 천금 : 많은 돈이나 비싼 값을 비유적으로 이르는 말　　　　　　　　　　　（　）
① 千力　② 千生　③ 千金　④ 千百

36 인명 : 사람의 이름　　　　　　（　）
① 人名　② 人心　③ 名人　④ 名目

37 수하 : 자신보다 나이나 지위가 아래인 경우
　　　　　　　　　　　　　　　　（　）
① 山下　② 地下　③ 天下　④ 手下

38 대어 : 큰 물고기　　　　　　　（　）
① 金魚　② 靑魚　③ 川魚　④ 大魚

☞ 다음 면에 계속

※ 밑줄 친 어휘를 바르게 읽은 것을 고르시오.

39 내 <u>生日</u>은 11월 23일이다. (　　)
① 출생　② 생월　③ 생일　④ 생년

40 회전<u>木馬</u>를 타고 빙빙 돌아가다. (　　)
① 견마　② 백마　③ 명마　④ 목마

41 이 지역은 울창한 <u>山林</u>을 자랑하는 지역이다. (　　)
① 죽림　② 우림　③ 수림　④ 산림

42 그 수영장은 <u>年中</u> 무휴로 개장한다. (　　)
① 연말　② 연중　③ 연내　④ 연일

43 <u>外出</u>을 하려는데 때마침 비가 멎었다. (　　)
① 입출　② 외출　③ 외식　④ 출입

44 해가 <u>中天</u>에 떴는데 형은 아직 자고 있다. (　　)
① 금천　② 우천　③ 중천　④ 동천

※ 밑줄 친 부분을 한자로 바르게 쓴 것을 고르시오.

거실에 장식되어 있는 그 45)수석은 46)내산의 깊은 골짜기에서 발견한 것이다.

45 수석 (　　)
① 名石　② 石水　③ 火石　④ 水石

46 내산 (　　)
① 內山　② 千山　③ 山川　④ 川山

※ 물음에 알맞은 답을 고르시오.

47 '下手'의 반의어(상대 또는 반대되는 뜻의 어휘)는? (　　)
① 上手　② 手下　③ 入手　④ 手中

48 '사람의 신체'와 관련된 한자가 <u>아닌</u> 것은? (　　)
① 四　　② 耳　　③ 口　　④ 足

49 "三三五五"의 뜻으로 알맞은 것은? (　　)
① 하늘의 위와 아래라는 뜻으로, 온 세상을 이르는 말
② 한 사람이 온 세상을 지배함
③ 서너 사람 또는 대여섯 사람이 떼를 지어 다니거나 무슨 일을 함
④ 단단히 먹은 마음이 닷새를 가지 못한다는 뜻

50 친구와 지낼 때에 모습으로 바른 것은? (　　)
① 친구의 입장에서도 생각해 본다.
② 내가 싫어하는 친구는 다른 친구들도 싫어하게 만든다.
③ 도움이 안 되는 친구는 무시해도 좋다고 생각한다.
④ 친구의 나쁜 점을 따라서 행동한다.

♣ 수고하셨습니다.

■ 다음 물음에 맞는 답의 번호를 골라 답안지의 해당 답란에 표시하시오.

※ 한자의 훈음으로 바른 것을 고르시오.

01 靑 ( ) ①맏형 ②성씨 성
③푸를 청 ④북녘 북

02 玉 ( ) ①구슬 옥 ②양 양
③이름 명 ④일천 천

03 生 ( ) ①먼저 선 ②날 생
③일백 백 ④달 월

04 姓 ( ) ①여자 녀 ②여덟 팔
③어머니 모 ④성씨 성

05 牛 ( ) ①안 내 ②소 우
③석 삼 ④말 마

06 地 ( ) ①흙 토 ②내 천
③나무 목 ④땅 지

07 己 ( ) ①위 상 ②발 족
③몸 기 ④내 천

08 目 ( ) ①귀 이 ②해 년
③달 월 ④눈 목

09 金 ( ) ①쇠 금 ②물고기 어
③마음 심 ④왼 좌

10 名 ( ) ①일천 천 ②큰 대
③이름 명 ④서녘 서

※ 뜻과 음에 알맞은 한자를 고르시오.

11 마음 심 ( ) ①心 ②先 ③生 ④下

12 돌 석 ( ) ①父 ②兄 ③右 ④石

13 일백 백 ( ) ①百 ②日 ③白 ④外

14 수풀 림 ( ) ①大 ②林 ③木 ④地

15 남녘 남 ( ) ①內 ②出 ③西 ④南

16 위 상 ( ) ①下 ②中 ③上 ④石

17 다섯 오 ( ) ①五 ②六 ③九 ④七

18 발 족 ( ) ①右 ②己 ③月 ④足

19 하늘 천 ( ) ①地 ②天 ③土 ④人

20 문 문 ( ) ①門 ②口 ③母 ④子

※ 물음에 알맞은 답을 고르시오.

21 "나무의 가지와 뿌리를 갖추고 서 있는 모양"을 본뜬 한자는? ( )
①東 ②林 ③木 ④地

함께 여행 온 22)남자는 23)兄弟인 듯 보였다.

22 위의 밑줄 친 '남자'를 한자로 바르게 쓴 것은? ( )
①父子 ②男女 ③弟子 ④男子

☞ 다음 면에 계속

23 위의 밑줄 친 '兄弟'의 뜻으로 가장 바른 것은? ( )
① 오빠와 여동생　② 형과 아우
③ 아버지와 아들　④ 남편과 아내

24 밑줄 친 부분에 해당하는 한자로 바르지 않은 것은? ( )
① 그는 돌을 깎아 조각품을 만들었다 : 石
② 흰색과 검은색 물감을 섞으면 회색이 된다 : 白
③ 사람은 만물의 영장이다 : 入
④ 오월은 가정의 달이다 : 月

25 한자의 총획이 바르지 않은 것은? ( )
① 先 - 총6획　② 右 - 총5획
③ 日 - 총4획　④ 出 - 총6획

26 '外'의 반의자(상대 또는 반대되는 뜻의 어휘)는? ( )
① 内　② 中　③ 左　④ 右

※ 어휘의 뜻으로 알맞은 것을 고르시오.

32 姓名 ( )
① 이름 있는 집안
② 남자와 여자
③ 유명한 인물
④ 성과 이름을 아울러 이르는 말

33 東山 ( )
① 남쪽에 있는 산
② 서쪽에 있는 산
③ 동쪽에 있는 산
④ 해가 떠오르는 동쪽 나라

34 先天 ( )
① 태어나면서부터 몸에 지니고 있는 것
② 처음으로 세계를 만듦
③ 하늘 아래 온 세상
④ 타고난 운명

※ 어휘를 바르게 읽은 것을 고르시오.

27 人力 ( ) ① 인력 ② 대인 ③ 인구 ④ 소인

28 土地 ( ) ① 토목 ② 토지 ③ 천지 ④ 산지

29 江南 ( ) ① 강서 ② 강동 ③ 강북 ④ 강남

30 名馬 ( ) ① 견마 ② 금마 ③ 명마 ④ 백마

31 先山 ( ) ① 선생 ② 선조 ③ 선인 ④ 선산

※ 낱말을 한자로 바르게 쓴 것을 고르시오.

35 석수 : 돌을 다루어 물건을 만드는 사람 ( )
① 白手　② 名手　③ 木手　④ 石手

36 소심 : 대범하지 못하고 지나치게 조심함 ( )
① 手心　② 人心　③ 小心　④ 大心

37 연내 : 올해 안 ( )
① 年内　② 年中　③ 年上　④ 年下

38 좌우 : 왼쪽과 오른쪽 ( )
① 左右　② 内外　③ 入出　④ 右左

※ 밑줄 친 어휘를 바르게 읽은 것을 고르시오.

39 태풍이 <u>北上</u>하면서 바람이 세졌다. ( )
①남하　②상하　③북상　④남상

40 돈을 은행에 <u>入金</u>하러 갔다. ( )
①입금　②출금　③출력　④입력

41 그는 <u>外地</u>에서 삼 년 전에 이사 왔다. ( )
①타국　②타지　③외부　④외지

42 우리는 <u>日出</u>을 보러 동해로 떠났다. ( )
①월출　②일월　③일출　④일몰

43 <u>手中</u>에 돈이 한 푼도 없다. ( )
①수하　②손중　③수중　④수족

44 <u>玉石</u>을 고르듯 사람을 가려 쓸 줄 알아야 한다. ( )
①수석　②옥석　③옥돌　④왕석

※ 밑줄 친 부분을 한자로 바르게 쓴 것을 고르시오.

45)<u>외출</u>을 하려고 보니 46)<u>대문</u> 앞에 눈이 소복히 쌓여 있었다.

45 외출 ( )
①內外　②入出　③出入　④外出

46 대문 ( )
①東門　②大門　③石門　④北門

※ 물음에 알맞은 답을 고르시오.

47 '弟子'의 유의어(비슷한 뜻의 어휘)는? ( )
①父子　②門中　③門生　④兄弟

48 '小人'의 반의어(상대 또는 반대되는 뜻의 어휘)는? ( )
①小大　②大人　③中人　④大小

49 "東西南北"의 뜻으로 알맞은 것은? ( )
①동쪽·서쪽·남쪽·북쪽이라는 뜻으로, 모든 방향
②동쪽으로 뛰고 서쪽으로 뛴다는 뜻. 몹시 바쁨
③남쪽 남자와 북쪽 여자를 가리킴
④동쪽 집에서 밥 먹고 서쪽 집에서 잠을 잠

50 학교에서의 행동으로 바르지 않은 것은? ( )
①숙제는 밀리지 않도록 미리미리 한다.
②선생님을 만나면 항상 공손하게 인사를 한다.
③친구가 잘못을 저지르면 여기저기 소문을 낸다.
④선생님께서 부르시면 빨리 대답한다.

♣수고하셨습니다.

■ 다음 물음에 맞는 답의 번호를 골라 답안지의 해당 답란에 표시하시오.

※ 한자의 훈음으로 바른 것을 고르시오.

01 姓 ( )   ①성씨 성   ②들 입
             ③위 상   ④날 생

02 川 ( )   ①강 강   ②어머니 모
             ③석 삼   ④내 천

03 林 ( )   ①나무 목   ②수풀 림
             ③열 십   ④아래 하

04 心 ( )   ①개 견   ②물 수
             ③마음 심   ④여덟 팔

05 西 ( )   ①넉 사   ②동녘 동
             ③서녘 서   ④왼 좌

06 外 ( )   ①날 일   ②아들 자
             ③오른 우   ④바깥 외

07 先 ( )   ①손 수   ②먼저 선
             ③안 내   ④아버지 부

08 年 ( )   ①가운데 중   ②땅 지
             ③해 년   ④일천 천

09 足 ( )   ①발 족   ②날 일
             ③맏 형   ④돌 석

10 馬 ( )   ①일백 백   ②물고기 어
             ③말 마   ④쇠 금

※ 뜻과 음에 알맞은 한자를 고르시오.

11 눈 목 ( )   ①耳 ②九 ③目 ④水

12 이름 명 ( )   ①名 ②南 ③右 ④口

13 구슬 옥 ( )   ①生 ②入 ③出 ④玉

14 몸 기 ( )   ①金 ②大 ③小 ④己

15 하늘 천 ( )   ①日 ②八 ③天 ④人

16 날 출 ( )   ①下 ②出 ③牛 ④子

17 작을 소 ( )   ①小 ②木 ③二 ④女

18 문 문 ( )   ①林 ②土 ③門 ④青

19 강 강 ( )   ①白 ②川 ③山 ④江

20 다섯 오 ( )   ①男 ②五 ③犬 ④十

※ 물음에 알맞은 답을 고르시오.

21 "사물의 한가운데를 꿰뚫는 모양"을 나타내어 '가운데'의 뜻을 가진 한자는?   ( )
   ①右   ②內   ③左   ④中

> 22)先生님께서는 잇따른 수해로 빈농이
> 23)年年 증가하고 있다고 말씀하셨습니다.

22 위의 밑줄 친 '先生'을(를) 바르게 읽은 것은?   ( )
   ①선생   ②선수   ③선조   ④선산

23 위의 밑줄 친 '年年'의 뜻으로 바른 것은?

( )

① 작년   ② 해마다

③ 날마다   ④ 내년

24 밑줄 친 부분에 해당하는 한자로 바르지 <u>않은</u> 것은? ( )

① 꽃밭 오른쪽에 국화꽃이 피어 있다 : 右

② 사람은 만물의 영장이다 : 人

③ 일 년은 열두 달이다 : 山

④ 새해에 우리는 산 정상에 올라 해돋이를 감상했다 : 日

25 한자의 총획이 바르지 <u>않은</u> 것은? ( )

① 水 – 총4획   ② 百 – 총5획

③ 生 – 총5획   ④ 目 – 총5획

26 '地'의 반의자(상대 또는 반대되는 뜻의 어휘)는? ( )

① 川   ② 大   ③ 天   ④ 土

※ 어휘를 바르게 읽은 것을 고르시오.

27 九牛 ( ) ① 목우 ② 구소 ③ 구우 ④ 역우

28 日入 ( ) ① 월인 ② 일입 ③ 일인 ④ 월입

29 手足 ( ) ① 족수 ② 손족 ③ 수발 ④ 수족

30 石耳 ( ) ① 목이 ② 우이 ③ 석이 ④ 각이

31 山羊 ( ) ① 우양 ② 산양 ③ 목양 ④ 백양

※ 어휘의 뜻으로 알맞은 것을 고르시오.

32 玉石 ( )

① 옥으로 장식한 문

② 맑은 샘물

③ 바둑 돌

④ 좋은 것과 나쁜 것을 아울러 이르는 말

33 年內 ( )

① 자기보다 나이가 많음

② 올해 안

③ 한 해 동안

④ 자기보다 나이가 적음

34 耳目 ( )

① 들은 바를 곧장 남에게 말함

② 남의 말을 귀담아듣지 아니하고 지나쳐 흘려 버림

③ 귀와 눈을 아울러 이르는 말로 주의나 관심을 일컫는 말

④ 듣기 좋은 말이나 칭찬을 이르는 말

※ 낱말을 한자로 바르게 쓴 것을 고르시오.

35 동토 : 동쪽의 땅. 동쪽의 나라 ( )

① 南土   ② 東土   ③ 北土   ④ 東地

36 문하 : 가르침을 받는 스승의 아래 ( )

① 目下   ② 上下   ③ 手下   ④ 門下

37 칠칠 : '칠석'을 달리 이르는 말 ( )

① 七七   ② 入入   ③ 九九   ④ 八八

38 천금 : 많은 돈 ( )

① 百千   ② 千百   ③ 天金   ④ 千金

☞ 다음 면에 계속

※ 밑줄 친 어휘를 바르게 읽은 것을 고르시오.

39 두 **男女**는 서로 도와가며 일을 했다. （ ）
① 여자 ② 남자 ③ 남녀 ④ 부녀

40 목이 말라서 **生水**을(를) 마셨다. （ ）
① 상수 ② 생수 ③ 강수 ④ 생물

41 그 나라는 **年中** 무더운 날씨가 계속된다.（ ）
① 연하 ② 연중 ③ 연년 ④ 연내

42 바둑은 못 두지만 **五目**은(는) 둘 줄 안다.
（ ）
① 오복 ② 오일 ③ 이목 ④ 오목

43 **六月**은 호국보훈의 달이다. （ ）
① 유월 ② 육일 ③ 구일 ④ 팔월

44 그는 대통령 **出馬**을(를) 선언했다. （ ）
① 출마 ② 출전 ③ 출석 ④ 출하

※ 물음에 알맞은 답을 고르시오.

47 '**下手**'의 반의어(상대 또는 반대되는 뜻의 어휘)는? （ ）
① **己下** ② **手上** ③ **右手** ④ **上手**

48 다음 중 가장 큰 수의 한자는? （ ）
① **十** ② **百** ③ **千** ④ **九**

49 "**三三五五**"의 속뜻으로 옳은 것은? （ ）
① 단단히 먹은 마음이 사흘을 가지 못한다.
② 정권을 잡았다가 짧은 기간 내에 밀려나게 됨을 이르는 말
③ 서너 사람 또는 대여섯 사람이 떼를 지은 모양
④ 삼 일을 고민하고 결심함을 이르는 말

50 예의 바른 행동으로 볼 수 없는 것은? （ ）
① 공공장소에서 함부로 뛰어 다닌다.
② 부모님께서 부르시면 빨리 대답한다.
③ 형제 간에는 사이좋게 지낸다.
④ 부모님이 말씀하시기 전에 자기의 일은 알아서 한다.

※ 밑줄 친 부분을 한자로 바르게 쓴 것을 고르시오.

45)시월에는 46)일출을 보기 위해 포항으로 여행을 갈 계획이다.

45 시월 （ ）
① **十日** ② **千月** ③ **十耳** ④ **十月**

46 일출 （ ）
① **月出** ② **一出** ③ **日出** ④ **日下**

♣ 수고하셨습니다.

■ 다음 물음에 맞는 답의 번호를 골라 답안지의 해당 답란에 표시하시오.

※ 한자의 훈음으로 바른 것을 고르시오.

01 名 ( )   ①사람 인   ②이름 명
             ③날 일   ④위 상

02 四 ( )   ①아들 자   ②입 구
             ③넉 사   ④서녘 서

03 林 ( )   ①수풀 림   ②흙 토
             ③불 화   ④바깥 외

04 千 ( )   ①열 십   ②일백 백
             ③들 입   ④일천 천

05 魚 ( )   ①말 마   ②큰 대
             ③양 양   ④물고기 어

06 己 ( )   ①몸 기   ②맏 형
             ③여자 녀   ④어머니 모

07 耳 ( )   ①아우 제   ②귀 이
             ③눈 목   ④나무 목

08 先 ( )   ①아홉 구   ②날 생
             ③돌 석   ④먼저 선

09 牛 ( )   ①성씨 성   ②작을 소
             ③소 우   ④강 강

10 玉 ( )   ①동녘 동   ②구슬 옥
             ③석 삼   ④흰 백

※ 뜻과 음에 알맞은 한자를 고르시오.

11 메 산 ( ) ①水 ②山 ③月 ④土

12 날 출 ( ) ①天 ②名 ③林 ④出

13 맏 형 ( ) ①子 ②父 ③兄 ④入

14 말 마 ( ) ①人 ②馬 ③右 ④犬

15 땅 지 ( ) ①地 ②南 ③上 ④木

16 마음 심 ( ) ①心 ②生 ③火 ④六

17 아버지 부 ( ) ①耳 ②姓 ③母 ④父

18 쇠 금 ( ) ①百 ②羊 ③金 ④日

19 문 문 ( ) ①己 ②門 ③北 ④左

20 해 년 ( ) ①靑 ②年 ③石 ④內

※ 물음에 알맞은 답을 고르시오.

21 "식물의 싹이 땅 위로 돋아나는 모양"을 본뜬 글자로 '나다'의 뜻을 가진 한자는? ( )
   ①地   ②上   ③出   ④木

22)父母님께서 23)남산으로 산책을 나가셨다.

22 위의 밑줄 친 '父母'의 뜻으로 바른 것은?
                                  ( )
   ①아버지와 어머니   ②형과 아우
   ③남편과 아내   ④아버지와 아들

☞ 다음 면에 계속

23 위의 밑줄 친 '남산'을 한자로 바르게 쓴 것은? ( )

① 土山　② 南山　③ 東山　④ 金山

24 밑줄 친 부분에 해당하는 한자로 바르지 <u>않은</u> 것은? ( )

① 그의 얼굴은 백옥처럼 <u>희다</u> : 百

② <u>물고기</u>들이 물에서 헤엄친다 : 魚

③ 우리 집안은 <u>아들</u>이 귀하다 : 子

④ 북악산은 서울 <u>북쪽</u>에 자리하고 있다 : 北

25 한자의 총획이 바르지 <u>않은</u> 것은? ( )

① 耳 – 총6획　　② 犬 – 총4획

③ 中 – 총4획　　④ 年 – 총5획

26 '外'의 반의자(상대 또는 반대되는 뜻의 어휘)는? ( )

① 上　② 左　③ 內　④ 下

※ 어휘를 바르게 읽은 것을 고르시오.

27 火木 ( )　① 화수② 화목③ 토목④ 수목

28 先兄 ( )　① 선제② 성인③ 선형④ 성명

29 名犬 ( )　① 우견② 견마③ 명견④ 맹견

30 石火 ( )　① 우화② 석화③ 석수④ 명화

31 青山 ( )　① 청정② 청명③ 청산④ 청토

※ 어휘의 뜻으로 알맞은 것을 고르시오.

32 四足 ( )

① 쓸데없는 군짓　② 사방팔방을 다님

③ 손과 발　　　　④ 짐승의 네발

33 入手 ( )

① 손을 씻음　　　② 손에 넣음

③ 손 아랫사람　　④ 손 윗사람

34 玉石 ( )

① 왕의 도장　　　② 돌에 새긴 조각

③ 옥과 돌　　　　④ 흙과 돌

※ 낱말을 한자로 바르게 쓴 것을 고르시오.

35 이남 : 두 번째 아들 ( )

① 二南　② 四南　③ 二男　④ 三男

36 목하 : 바로 지금 ( )

① 山下　② 木下　③ 目下　④ 手下

37 선산 : 조상의 무덤이 있는 산 ( )

① 先山　② 先上　③ 先生　④ 先王

38 모녀 : 어머니와 딸 ( )

① 父母　② 母女　③ 母子　④ 父女

※ 밑줄 친 어휘를 바르게 읽은 것을 고르시오.

39 연꽃은 <u>水中</u> 식물이다.　　　　( )
① 강수　② 화상　③ 수상　④ 수중

40 태풍이 <u>北上</u>하면서 바람이 세어졌다.　( )
① 남상　② 남하　③ 북하　④ 북상

41 세계의 <u>耳目</u>이(가) 집중되다.　　　( )
① 이월　② 이상　③ 이목　④ 이명

42 수능 시험일이 <u>百日</u> 앞으로 다가왔다.　( )
① 십일　② 백일　③ 천일　④ 구일

43 <u>人生</u>은(는) 짧고 예술은 길다.　　( )
① 인생　② 인성　③ 일생　④ 평생

44 <u>大川</u> 바다도 건너 봐야 안다.　　( )
① 대강　② 대해　③ 산천　④ 대천

※ 밑줄 친 부분을 한자로 바르게 쓴 것을 고르시오.

> 45)백성들은 46)좌우에서 기습을 받고 혼비백산했다.

45 백성　　　　　　　　　　( )
① 白姓　② 百生　③ 百人　④ 百姓

46 좌우　　　　　　　　　　( )
① 右左　② 左右　③ 中下　④ 左上

※ 물음에 알맞은 답을 고르시오.

47 '門內'의 유의어(비슷한 뜻의 어휘)는? ( )
① 中門　② 大門　③ 門外　④ 門中

48 '年上'의 반의어(상대 또는 반대되는 뜻의 어휘)는?　　　　　　　　( )
① 下手　② 年下　③ 年中　④ 上年

49 "名山大川"의 속뜻으로 옳은 것은?　( )
① 이름만 그럴듯하고 실속은 없음
② 우리나라 전도의 유명한 산
③ 이름난 산과 큰 내
④ 산의 경치가 아름다워 이름이 널리 알려진 고장

50 자녀의 행동으로 바르지 않은 것은?　( )
① 부모님께서 말씀하시기 전에 자기의 일은 알아서 한다.
② 아침마다 부모님께서 깨워야 일어난다.
③ 식사를 할 때는 반찬을 골고루 먹는다.
④ 항상 부모님께 감사하는 마음을 갖는다.

♣ 수고하셨습니다.

■ 다음 물음에 맞는 답의 번호를 골라 답안지의 해당 답란에 표시하시오.

※ 한자의 훈음으로 바른 것을 고르시오.

01 玉 (　)   ① 구슬 옥   ② 오른 우
             ③ 북녘 북   ④ 날 출

02 名 (　)   ① 달 월   ② 이름 명
             ③ 입 구   ④ 돌 석

03 己 (　)   ① 먼저 선   ② 달 월
             ③ 사내 남   ④ 몸 기

04 馬 (　)   ① 양 양   ② 말 마
             ③ 일곱 칠   ④ 귀 이

05 地 (　)   ① 흙 토   ② 나무 목
             ③ 쇠 금   ④ 땅 지

06 足 (　)   ① 왼 좌   ② 마음 심
             ③ 발 족   ④ 아버지 부

07 弟 (　)   ① 여자 녀   ② 푸를 청
             ③ 아우 제   ④ 맏 형

08 石 (　)   ① 오른 우   ② 내 천
             ③ 여덟 팔   ④ 돌 석

09 千 (　)   ① 열 십   ② 일백 백
             ③ 수풀 림   ④ 일천 천

10 中 (　)   ① 가운데 중   ② 아래 하
             ③ 위 상   ④ 메 산

※ 뜻과 음에 알맞은 한자를 고르시오.

11 성씨 성 (　)   ① 姓 ② 生 ③ 母 ④ 男

12 먼저 선 (　)   ① 中 ② 木 ③ 先 ④ 羊

13 달 월 (　)   ① 水 ② 天 ③ 九 ④ 月

14 문 문 (　)   ① 七 ② 門 ③ 內 ④ 大

15 해 년 (　)   ① 己 ② 父 ③ 手 ④ 年

16 흰 백 (　)   ① 日 ② 百 ③ 白 ④ 千

17 수풀 림 (　)   ① 土 ② 林 ③ 小 ④ 西

18 바깥 외 (　)   ① 犬 ② 兄 ③ 口 ④ 外

19 돌 석 (　)   ① 石 ② 四 ③ 火 ④ 右

20 소 우 (　)   ① 羊 ② 耳 ③ 牛 ④ 二

※ 물음에 알맞은 답을 고르시오.

21 "웅장한 메를 그린 글자로 우뚝 솟은 멧부리들"을 본떠 만든 한자는?   (　)
     ① 金   ② 山   ③ 林   ④ 土

함께 여행 온 22)남녀는 23)內外인 듯 보였다.

22 위의 밑줄 친 '남녀'를 한자로 바르게 쓴 것은?   (　)
     ① 女男   ② 男女   ③ 女子   ④ 男子

23 위의 밑줄 친 '內外'의 뜻으로 가장 바른 것은? ( )

① 형과 아우　　② 아버지와 어머니

③ 아버지와 딸　　④ 남편과 아내

24 밑줄 친 부분에 해당하는 한자로 바르지 않은 것은? ( )

① 그 사람은 나보다 네 살이 더 많다 : 四

② 집 앞길에는 대형 트럭이 여덟 대나 있었다 : 八

③ 크고 작은 나무들이 숲을 이루고 있다 : 木

④ 우리 동네에는 개가 많다 : 犬

25 한자의 총획이 바르지 않은 것은? ( )

① 左 – 총5획　　② 目 – 총5획

③ 東 – 총9획　　④ 手 – 총4획

26 '川'의 유의자는? ( )

① 山　② 地　③ 靑　④ 江

※ 어휘를 바르게 읽은 것을 고르시오.

27 入口 ( )　① 인구② 입출③ 입구④ 입수

28 玉石 ( )　① 옥석② 옥수③ 옥돌④ 옥금

29 天地 ( )　① 천하② 천지③ 천수④ 지천

30 木手 ( )　① 산수② 석수③ 목사④ 목수

31 門外 ( )　① 문중② 문외③ 문하④ 문상

※ 어휘의 뜻으로 알맞은 것을 고르시오.

32 千金 ( )

① 여러가지 방법

② 백의 열 배가 되는 수

③ 많은 돈이나 비싼 값을 비유적으로 이르는 말

④ 금으로 만든 돈

33 白玉 ( )

① 초라한 집　　② 빛깔이 하얀 옥

③ 보름달　　④ 아름다운 문장

34 三南 ( )

① 삼년

② 셋째 아들

③ 남쪽으로 세 번 이사를 감

④ 충청도, 전라도, 경상도 세 지방을 통틀어 이르는 말

※ 낱말을 한자로 바르게 쓴 것을 고르시오.

35 유월 : 한 해 열두 달 가운데 여섯째 달 ( )

① 七月　② 九月　③ 八月　④ 六月

36 목마 : 나무로 말의 모양을 깎아 만든 물건 ( )

① 白馬　② 木馬　③ 木羊　④ 天馬

37 대소 : 크고 작음 ( )

① 七大　② 小大　③ 大小　④ 大人

38 명목 : 표면상 내세우는 이름 ( )

① 名目　② 石目　③ 名門　④ 名木

☞ 다음 면에 계속

※ 밑줄 친 어휘를 바르게 읽은 것을 고르시오.

39 우리나라를 <u>東土</u>라고도 부른다. ( )
　① 남산　② 남토　③ 동산　④ 동토

40 둘째 아들을 <u>二男</u>이라고 한다. ( )
　① 삼녀　② 이녀　③ 삼남　④ 이남

41 목이 말라서 <u>生水</u>을(를) 마셨다. ( )
　① 강수　② 상수　③ 생수　④ 삼수

42 <u>父子</u>간에 대화를 나눴다. ( )
　① 부녀　② 부자　③ 모자　④ 부부

43 바람이 <u>東南</u>쪽에서 불어오고 있다. ( )
　① 동서　② 남서　③ 동남　④ 북서

44 그녀는 <u>天心</u>이 착한 사람이다. ( )
　① 소심　② 인심　③ 수심　④ 천심

※ 밑줄 친 부분을 한자로 바르게 쓴 것을 고르시오.

45)<u>산천어</u>는 연어과의 민물고기로 몸은 송어와 비슷하여 몸의 길이는 46)<u>사십</u> 센티미터 정도이다. 초복 때 강 상류에 알을 낳는다고 한다.

45 산천어 ( )
　① 三天魚　　② 山千魚
　③ 山天魚　　④ 山川魚

46 사십 ( )
　① 四十　② 西十　③ 四一　④ 十西

※ 물음에 알맞은 답을 고르시오.

47 '弟子'의 유의어(비슷한 뜻의 어휘)는? ( )
　① 門生　② 子弟　③ 門外　④ 門內

48 '出口'의 반의어(반대되는 뜻의 한자)는?
　　　　　　　　　　　　　　　　( )
　① 上下　② 入口　③ 人口　④ 出入

49 "兄弟手足"의 속뜻으로 옳은 것은? ( )
　① 아버지와 아들 사이에는 친함이 있어야 한다.
　② 형제라도 언젠가는 헤어질 때가 있다.
　③ 아버지와 어머니, 형과 아우를 아울러 이르는 말
　④ 형제는 손과 발과 같아서 떼어버릴 수 없는 관계를 이르는 말

50 학생이 공부하는 자세로 바르지 <u>않은</u> 것은?
　　　　　　　　　　　　　　　　( )
　① 독서실에서 시끄럽게 떠들면서 공부한다.
　② 숙제는 밀리지 않도록 미리미리 한다.
　③ 배운 바를 행동에 옮겨 실천한다.
　④ 주위를 가지런히 잘 정리한다.

♣ 수고하셨습니다.

정답 및 해설

정답표

01	02	03	04	05
④	②	③	②	③
06	07	08	09	10
①	④	③	①	③
11	12	13	14	15
③	①	④	②	③
16	17	18	19	20
③	④	③	①	④
21	22	23	24	25
②	④	②	③	④
26	27	28	29	30
①	④	②	③	③
31	32	33	34	35
④	②	①	③	④
36	37	38	39	40
②	①	③	②	③
41	42	43	44	45
④	①	④	④	③
46	47	48	49	50
④	②	②	①	③

01 ① 바깥 외 : 外
   ② 내 천 : 川
   ③ 소 우 : 牛

02 ① 쇠 금 : 金
   ③ 달 월 : 月
   ④ 문 문 : 門

03 ① 입 구 : 口
   ② 남녘 남 : 南
   ④ 해 년 : 年

04 ① 발 족 : 足
   ③ 여덟 팔 : 八
   ④ 맏 형 : 兄

05 ① 맏 형 : 兄
   ② 나무 목 : 木
   ④ 구슬 옥 : 玉

06 ② 눈 목 : 目
   ③ 여섯 륙 : 六
   ④ 오른 우 : 右

07 ① 사람 인 : 人
   ② 불 화 : 火
   ③ 아들 자 : 子

08 ① 큰 대 : 大
   ② 물고기 어 : 魚
   ④ 일천 천 : 千

09 ② 쇠 금 : 金
   ③ 여자 녀 : 女
   ④ 어머니 모 : 母

10 ① 말 마 : 馬
   ② 먼저 선 : 先
   ④ 성씨 성 : 姓

11 ① 十 : 열 십
   ② 日 : 날 일
   ④ 名 : 이름 명

12 ② 中 : 가운데 중
   ③ 門 : 문 문
   ④ 牛 : 소 우

13 ① 兄 : 맏 형

② 馬 : 말 마

③ 子 : 아들 자

14 ① 口 : 입 구

③ 七 : 일곱 칠

④ 姓 : 성씨 성

15 ① 六 : 여섯 륙(육)

② 四 : 넉 사

④ 上 : 위 상

16 ① 木 : 나무 목

② 男 : 사내 남

④ 北 : 북녘 북

17 ① 靑 : 푸를 청

② 名 : 이름 명

③ 左 : 왼 좌

18 ① 外 : 바깥 외

② 白 : 흰 백

④ 小 : 작을 소

19 ② 山 : 메(뫼) 산

③ 土 : 흙 토

④ 玉 : 구슬 옥

20 ① 女 : 여자 녀

② 大 : 큰 대

③ 火 : 불 화

21 ② 四 : 넉 사

① 百 : 일백 백

③ 天 : 하늘 천

④ 二 : 두 이

22 父母(부모) : 아버지 부, 어머니 모

23 南山(남산) : 남녘 남, 메(뫼) 산

24 ③ 三(석 삼) ➡ 二(두 이)

25 ④ 耳 – 총6획

26 內 : 안 내

① 外 : 바깥 외

② 川 : 내 천

③ 土 : 흙 토

④ 八 : 여덟 팔

27 目下(목하) : 눈 목, 아래 하

➡ 눈앞의 형편 아래

28 入手(입수) : 들 입, 손 수

➡ 손에 들어옴. 또는 손에 넣음

29 中天(중천) : 가운데 중, 하늘 천

➡ 하늘의 한가운데

30 玉石(옥석) : 구슬 옥, 돌 석

➡ 옥과 돌이라는 뜻으로, 좋은 것과 나쁜 것을 아울러 이르는 말

31 靑山(청산) : 푸를 청, 메(뫼) 산

➡ 풀과 나무가 무성한 푸른 산

32 五目(오목) : 다섯 오, 눈 목

33 父兄(부형) : 아버지 부, 맏 형

34 火力(화력) : 불 화, 힘 력(역)

35 大小(대소) : 큰 대, 작을 소

36 左右(좌우) : 왼 좌, 오른쪽 우

37 名門(명문) : 이름 명, 문 문

38 入金(입금) : 들 입, 쇠 금

39 東北(동북) : 동녘 동, 북녘 북

40 九天(구천) : 아홉 구, 하늘 천

41 石耳(석이) : 돌 석, 귀 이

42 土山(토산) : 흙 토, 메(뫼) 산

43 下水(하수) : 아래 하, 물 수

44 二女(이녀) : 두 이, 여자 녀(여)

45 西南(서남) : 서녘 서, 남녘 남

46 中東(중동) : 가운데 중, 동녘 동

47 • 水心(수심) : 수면의 중심, 강이나 호수
　　　　따위의 한가운데
　　• 生水(생수) : 샘구멍에서 솟아 나오는
　　　　맑은 물
　　• 水力(수력) : 흐르거나 떨어지는 물의 힘
　　② 水 : 물 수
　　① 心 : 마음 심
　　③ 馬 : 말 마
　　④ 林 : 수풀 림

48 大人(대인) : 큰 대, 사람 인
　➡ 자라서 어른이 된 사람. 보통 만 19세
　　이상의 남녀를 이른다.
　　② 小人(소인) : 작을 소, 사람 인
　➡ 나이가 어린 사람
　　③ 大小(대소) : 큰 대, 작을 소
　➡ 크고 작음
　　④ 少女(소녀) : 적을 소, 여자 녀(여)
　➡ 아직 완전히 성숙하지 아니한 어린 여
　　자아이

49 靑天白日(청천백일) : 푸를 청, 하늘 천,
　　　　　　　　흰 백, 날 일
　➡ 하늘이 맑게 갠 대낮

50 ③ 맛있는 반찬이 없다고 부모님께 투성
　을 부리는 것은 공손하지 않고 바람직
　하지 못한 태도이다.

🐶 정답표

01	02	03	04	05
①	③	④	③	④
06	07	08	09	10
②	②	③	③	④
11	12	13	14	15
②	③	③	④	④
16	17	18	19	20
①	②	④	③	④
21	22	23	24	25
③	②	④	④	③
26	27	28	29	30
③	④	②	③	④
31	32	33	34	35
④	②	①	④	②
36	37	38	39	40
③	①	②	③	④
41	42	43	44	45
①	③	②	②	④
46	47	48	49	50
②	①	③	③	②

01 ② 사내 남 : 男
 ③ 작을 소 : 小
 ④ 큰 대 : 大

02 ① 돌 석 : 石
 ② 왼 좌 : 左
 ④ 서녘 서 : 西

03 ① 날 생 : 生
 ② 바깥 외 : 外
 ③ 쇠 금 : 金

04 ① 수풀 림 : 林
 ② 마음 심 : 心
 ④ 눈 목 : 目

05 ① 푸를 청 : 靑
 ② 다섯 오 : 五
 ③ 석 삼 : 三

06 ① 귀 이 : 耳
 ③ 여섯 륙 : 六
 ④ 오른 우 : 右

07 ① 들 입 : 入
 ③ 물 수 : 水
 ④ 입 구 : 口

08 ① 해 년 : 年
 ② 넉 사 : 四
 ④ 몸 기 : 己

09 ① 말 마 : 馬
 ② 양 양 : 羊
 ④ 돌 석 : 石

10 ① 흰 백 : 白
 ② 맏 형 : 兄
 ③ 동녘 동 : 東

11 ① 二 : 두 이
 ③ 木 : 나무 목
 ④ 心 : 마음 심

12 ① 土 : 흙 토
 ② 牛 : 소 우
 ④ 門 : 문 문

13 ① 千 : 일천 천
　　② 白 : 흰 백
　　④ 口 : 입 구

14 ① 足 : 발 족
　　② 子 : 아들 자
　　③ 先 : 먼저 선

15 ① 名 : 이름 명
　　② 天 : 하늘 천
　　③ 中 : 가운데 중

16 ② 十 : 열 십
　　③ 北 : 북녘 북
　　④ 四 : 넉 사

17 ① 下 : 아래 하
　　③ 女 : 여자 녀
　　④ 男 : 사내 남

18 ① 川 : 내 천
　　② 生 : 날 생
　　③ 中 : 가운데 중

19 ① 白 : 흰 백
　　② 羊 : 양 양
　　④ 入 : 들 입

20 ① 土 : 흙 토
　　② 靑 : 푸를 청
　　③ 門 : 문 문

21 ③ 火 : 불 화
　　① 日 : 날 일
　　② 手 : 손 수
　　④ 月 : 달 월

22 出入(출입) : 날 출, 들 입

23 男子(남자) : 사내 남, 아들 자

24 ④ 八(여덟 팔) ➡ 二(두 이)

25 ③ 羊 – 총6획

26 上 : 위 상
　　③ 下 : 아래 하
　　① 內 : 안 내
　　② 外 : 바깥 외
　　④ 小 : 작을 소

27 心中(심중) : 마음 심, 가운데 중
　　➡ 마음의 속

28 人魚(인어) : 사람 인, 물고기 어
　　➡ 상반신은 사람과 같고 하반신은 물고기
　　　　와 같다는 상상의 바다 동물

29 白羊(백양) : 흰 백, 양 양
　　➡ 털빛이 흰 양

30 名門(명문) : 이름 명, 문 문
　　➡ 이름 있는 문벌. 또는 훌륭한 집안

31 大入(대입) : 큰 대, 들 입
　　➡ '대학교 입학'이 줄어든 말

32 土足(토족) : 흙 토, 발 족

33 六月(유월) : 여섯 륙(육), 달 월

34 石手(석수) : 돌 석, 손 수

35 先山(선산) : 먼저 선, 메(뫼) 산

36 木馬(목마) : 나무 목, 말 마

37 內心(내심) : 안 내, 마음 심

38 **主力**(주력) : 임금 **주**, 힘 **력(역)**

39 **七十**(칠십) : 일곱 **칠**, 열 **십**

40 **外出**(외출) : 바깥 **외**, 날 **출**

41 **入山**(입산) : 들 **입**, 메(뫼) **산**

42 **大口**(대구) : 큰 **대**, 입 **구**

43 **江山**(강산) : 강 **강**, 메(뫼) **산**

44 **水中**(수중) : 물 **수**, 가운데 **중**

45 **年中**(연중) : 해 **년(연)**, 가운데 **중**

46 **八月**(팔월) : 여덟 **팔**, 달 **월**

47 **門下生**(문하생) : 문 **문**, 아래 **하**, 날 **생**
➡ 문하에서 배우는 제자
① **門人**(문인) : 문 **문**, 사람 **인**
➡ 문하에서 배우는 제자
② **門內**(문내) : 문 **문**, 안 **내**
➡ 성과 본이 같은 가까운 집안
③ **門中**(문중) : 문 **문**, 가운데 **중**
➡ 성과 본이 같은 가까운 집안

48 ③ **心** : 마음 **심**
① **耳** : 귀 **이**
② **目** : 눈 **목**
④ **口** : 입 **구**

49 **兄弟手足**(형제수족) : 맏 **형**, 아우 **제**,
손 **수**, 발 **족**
➡ 형제는 손과 발과 같아서 떼어버릴 수
없는 관계임

50 ② 한자를 올바르게 배우려면 뜻(훈)과 음을 모두 익히고, 원리와 바른 자세 등 다양한 면을 고려해야 한다.

정답표

01	02	03	04	05
④	③	①	④	①
06	07	08	09	10
③	②	④	③	①
11	12	13	14	15
①	④	④	②	②
16	17	18	19	20
④	③	③	④	②
21	22	23	24	25
④	③	③	④	①
26	27	28	29	30
②	③	④	③	③
31	32	33	34	35
①	③	④	②	①
36	37	38	39	40
④	③	②	③	②
41	42	43	44	45
②	③	③	②	②
46	47	48	49	50
③	④	④	③	②

01 ① 왼 좌 : 左
　② 바깥 외 : 外
　③ 마음 심 : 心

02 ① 물고기 어 : 魚
　② 어머니 모 : 母
　④ 서녘 서 : 西

03 ② 가운데 중 : 中
　③ 몸 기 : 己
　④ 여섯 륙 : 六

04 ① 달 월 : 月
　② 아우 제 : 弟
　③ 강 강 : 江

05 ② 눈 목 : 目
　③ 쇠 금 : 金
　④ 날 일 : 日

06 ① 성씨 성 : 姓
　② 나무 목 : 木
　④ 하늘 천 : 天

07 ① 이름 명 : 名
　③ 오른 우 : 右
　④ 맏 형 : 兄

08 ① 위 상 : 上
　② 해 년 : 年
　③ 달 월 : 月

09 ① 아버지 부 : 父
　② 소 우 : 牛
　④ 먼저 선 : 先

10 ② 내 천 : 川
　③ 땅 지 : 地
　④ 북녘 북 : 北

11 ② 姓 : 성씨 성
　③ 目 : 눈 목
　④ 十 : 열 십

12 ① 六 : 여섯 륙(육)
　② 己 : 몸 기
　③ 內 : 안 내

13 ① 出 : 날 출
② 山 : 메(뫼) 산
③ 心 : 마음 심

14 ① 母 : 어머니 모
③ 金 : 쇠 금
④ 西 : 서녘 서

15 ① 兄 : 맏 형
③ 白 : 흰 백
④ 名 : 이름 명

16 ① 下 : 아래 하
② 左 : 왼 좌
③ 父 : 아버지 부

17 ① 羊 : 양 양
② 日 : 날 일
④ 水 : 물 수

18 ① 江 : 강 강
② 心 : 마음 심
④ 玉 : 구슬 옥

19 ① 金 : 쇠 금
② 百 : 일백 백
③ 火 : 불 화

20 ① 子 : 아들 자
③ 十 : 열 십
④ 足 : 발 족

21 ④ 中 : 가운데 중
① 外 : 바깥 외
② 上 : 위 상
③ 天 : 하늘 천

22 先生(선생) : 먼저 선, 날 생

23 年年(연년) : 해 년(연), 해 년(연)

24 ④ 百(일백 백) ➡ 千(일천 천)

25 ① 東 - 총8획

26 下 : 아래 하
② 上 : 위 상
① 大 : 큰 대
③ 入 : 들 입
④ 小 : 작을 소

27 入口(입구) : 들 입, 입 구
➡ 들어가는 통로

28 火力(화력) : 불 화, 힘 력(역)
➡ 불이 탈 때에 내는 열의 힘

29 女心(여심) : 여자 녀(여), 마음 심
➡ 여자의 마음

30 江南(강남) : 강 강, 남녘 남
➡ 강의 남쪽 지역

31 白玉(백옥) : 흰 백, 구슬 옥
➡ 빛깔이 하얀 옥

32 三南(삼남) : 석 삼, 남녘 남

33 一己(일기) : 한 일, 몸 기

34 先日(선일) : 먼저 선, 날 일

35 出土(출토) : 날 출, 흙 토

36 五目(오목) : 다섯 오, 눈 목

37 年上(연상) : 해 년(연), 위 상

38 山羊(산양) : 메(뫼) 산, 양 양

39 父子(부자) : 아버지 부, 아들 자

40 牛足(우족) : 소 우, 발 족

41 北魚(북어) : 북녘 북, 물고기 어

42 金石(금석) : 쇠 금, 돌 석

43 天心(천심) : 하늘 천, 마음 심

44 日下(일하) : 날 일, 아래 하

45 一月(일월) : 한 일, 달 월

46 八月(팔월) : 여덟 팔, 달 월

47 木手(목수) : 나무 목, 손 수
   ➡ 나무를 다루어 집을 짓거나 가구, 기구 따위를 만드는 일을 직업으로 하는 사람
   ④ 大木(대목) : 큰 대, 나무 목
   ➡ '목수(木手)'를 높여 이르는 말
   ① 手足(수족) : 손 수, 발 족
   ➡ 손과 발
   ② 木石(목석) : 나무 목, 돌 석
   ➡ 나무와 돌을 아울러 이르는 말
   ③ 木馬(목마) : 나무 목, 말 마
   ➡ 나무로 말의 모양을 깎아 만든 물건

48 門內(문내) : 문 문, 안 내
   ➡ 대문의 안
   ④ 門外(문외) : 문 문, 바깥 외
   ➡ 문의 바깥쪽
   ① 門下(문하) : 문 문, 아래 하
   ➡ 가르침을 받는 스승의 아래
   ② 門人(문인) : 문 문, 사람 인
   ➡ 문하에서 배우는 제자
   ③ 門中(문중) : 문 문, 가운데 중

➡ 성과 본이 같은 가까운 집안

49 名山大川(명산대천) : 이름 명, 메(뫼) 산, 큰 대, 내 천
   ➡ 이름난 산과 큰 내

50 ② 형제는 서로를 배려하고 아끼는 마음을 가져야 한다. 맛있는 음식이 있다면 함께 나누어 먹는 것이 올바른 행동이다.

🐕 정답표

01	02	03	04	05
②	④	①	③	①
06	07	08	09	10
④	①	②	④	③
11	12	13	14	15
④	②	③	③	④
16	17	18	19	20
①	①	②	④	③
21	22	23	24	25
④	③	③	④	②
26	27	28	29	30
④	①	④	③	④
31	32	33	34	35
①	③	④	②	③
36	37	38	39	40
②	①	③	②	④
41	42	43	44	45
①	③	②	③	②
46	47	48	49	50
③	②	④	③	①

01 ① 흙 토 : 土
　 ③ 여섯 륙 : 六
　 ④ 가운데 중 : 中

02 ① 해 년 : 年
　 ② 개 견 : 犬
　 ③ 어머니 모 : 母

03 ② 나무 목 : 木
　 ③ 메(뫼) 산 : 山
　 ④ 소 우 : 牛

04 ① 아들 자 : 子
　 ② 구슬 옥 : 玉
　 ④ 여자 녀 : 女

05 ② 가운데 중 : 中
　 ③ 들 입 : 入
　 ④ 작을 소 : 小

06 ① 오른 우 : 右
　 ② 열 십 : 十
　 ③ 마음 심 : 心

07 ② 맏 형 : 兄
　 ③ 왼 좌 : 左
　 ④ 내 천 : 川

08 ① 쇠 금 : 金
　 ③ 강 강 : 江
　 ④ 메(뫼) 산 : 山

09 ① 입 구 : 口
　 ② 사내 남 : 男
　 ④ 어머니 모 : 母

10 ① 손 수 : 手
　 ② 푸를 청 : 青
　 ④ 성씨 성 : 姓

11 ① 魚 : 물고기 어
　 ② 川 : 내 천
　 ③ 水 : 물 수

12 ① 十 : 열 십
　 ③ 九 : 아홉 구
　 ④ 月 : 달 월

13 ① 弟 : 아우 제
 ② 玉 : 구슬 옥
 ④ 人 : 사람 인

14 ① 生 : 날 생
 ② 石 : 돌 석
 ④ 西 : 서녘 서

15 ① 外 : 바깥 외
 ② 北 : 북녘 북
 ③ 足 : 발 족

16 ② 七 : 일곱 칠
 ③ 目 : 눈 목
 ④ 火 : 불 화

17 ② 左 : 왼 좌
 ③ 犬 : 개 견
 ④ 口 : 입 구

18 ① 日 : 날 일
 ③ 土 : 흙 토
 ④ 羊 : 양 양

19 ① 大 : 큰 대
 ② 百 : 일백 백
 ③ 內 : 안 내

20 ① 小 : 작을 소
 ② 上 : 위 상
 ④ 出 : 날 출

21 ④ 出 : 날 출
 ① 上 : 위 상
 ② 山 : 메(뫼) 산
 ③ 木 : 나무 목

22 男女(남녀) : 사내 남, 여자 녀(여)

23 內外(내외) : 안 내, 바깥 외

24 ④ 靑(푸를 청) ➡ 白(흰 백)

25 ② 左 – 5획

26 南 : 남녘 남
 ④ 北 : 북녘 북
 ① 林 : 수풀 림
 ② 五 : 다섯 오
 ③ 入 : 들 입

27 石火(석화) : 돌 석, 불 화
 ➡ 돌이 서로 맞부딪치거나 돌과 쇠가 맞
 부딪칠 때 순간적으로 일어나는 불

28 木馬(목마) : 나무 목, 말 마
 ➡ 나무로 말의 모양을 깎아 만든 물건

29 山川(산천) : 메(뫼) 산, 내 천
 ➡ 산과 내를 아울러 이르는 말

30 百姓(백성) : 일백 백, 성씨 성
 ➡ 나라의 근본을 이루는 일반 국민을 예
 스럽게 이르는 말

31 人力(인력) : 사람 인, 힘 력(역)
 ➡ 사람의 힘

32 靑魚(청어) : 푸를 청, 물고기 어

33 五目(오목) : 다섯 오, 눈 목

34 入手(입수) : 들 입, 손 수

35 名門(명문) : 이름 명, 문 문

36 父兄(부형) : 아버지 부, 맏 형

37 先山(선산) : 먼저 선, 메(뫼) 산

38 中心(중심) : 가운데 **중**, 마음 **심**

39 下水(하수) : 아래 **하**, 물 **수**

40 人口(인구) : 사람 **인**, 입 **구**

41 七日(칠일) : 일곱 **칠**, 날 **일**

42 左右(좌우) : 왼 **좌**, 오른쪽 **우**

43 北上(북상) : 북녘 **북**, 위 **상**

44 石耳(석이) : 돌 **석**, 귀 **이**

45 一年(일년) : 한 **일**, 해 **년**

46 江山(강산) : 강 **강**, 메(뫼) **산**

47 ② 南 : 남녘 **남**
   ① 馬 : 말 **마**
   ③ 羊 : 양 **양**
   ④ 牛 : 소 **우**

48 小人(소인) : 작을 **소**, 사람 **인**
  ➡ 나이가 어린 사람
  ④ 大人(대인) : 큰 **대**, 사람 **인**
  ➡ 자라서 어른이 된 사람. 보통 만 19세
    이상의 남녀를 이른다.
  ③ 大小(대소) : 큰 **대**, 작을 **소**
  ➡ 크고 작음

49 十中八九(십중팔구) : 열 **십**, 가운데 **중**,
                 여덟 **팔**, 아홉 **구**
  ➡ 열 가운데 여덟이나 아홉 정도로 거의
    대부분이거나 거의 틀림없음

50 ② 부모님께 물건을 드릴 때는 두 손으로
   공손하게 드려야 한다.
  ③ 맛있는 반찬이 없다고 투정을 부리는
   것은 바르지 않은 태도이다.
  ④ 부모님께 비싼 장난감을 사달라고 조
   르는 것은 바람직하지 않은 태도이다.

🐕 정답표

01	02	03	04	05
③	①	④	②	④
06	07	08	09	10
③	①	②	④	③
11	12	13	14	15
①	④	③	③	④
16	17	18	19	20
①	②	④	④	③
21	22	23	24	25
③	③	④	②	④
26	27	28	29	30
③	②	①	②	④
31	32	33	34	35
③	②	①	①	④
36	37	38	39	40
②	③	④	④	②
41	42	43	44	45
③	①	③	②	③
46	47	48	49	50
①	③	④	④	③

01 ① 일곱 칠 : 七
  ② 나무 목 : 木
  ④ 물 수 : 水

02 ② 말 마 : 馬
  ③ 여섯 륙 : 六
  ④ 아들 자 : 子

03 ① 달 월 : 月
  ② 눈 목 : 目
  ③ 오른 우 : 右

04 ① 서녘 서 : 西
  ③ 날 일 : 日
  ④ 흰 백 : 白

05 ① 열 십 : 十
  ② 바깥 외 : 外
  ③ 날 출 : 出

06 ① 어머니 모 : 母
  ② 아홉 구 : 九
  ④ 아래 하 : 下

07 ② 여자 녀 : 女
  ③ 물 수 : 水
  ④ 작을 소 : 小

08 ① 푸를 청 : 靑
  ③ 땅 지 : 地
  ④ 북녘 북 : 北

09 ① 이름 명 : 名
  ② 몸 기 : 己
  ③ 일곱 칠 : 七

10 ① 맏 형 : 兄
  ② 들 입 : 入
  ④ 흙 토 : 土

11 ② 六 : 여섯 륙(육)
  ③ 父 : 아버지 부
  ④ 月 : 달 월

12 ① 金 : 쇠 금
  ② 出 : 날 출
  ③ 南 : 남녘 남

13 ① 羊 : 양 양
　　② 牛 : 소 우
　　④ 魚 : 물고기 어

14 ① 土 : 흙 토
　　② 水 : 물 수
　　④ 地 : 땅 지

15 ① 日 : 날 일
　　② 右 : 오른 우
　　③ 口 : 입 구

16 ② 八 : 여덟 팔
　　③ 下 : 아래 하
　　④ 子 : 아들 자

17 ① 手 : 손 수
　　③ 中 : 가운데 중
　　④ 己 : 몸 기

18 ① 年 : 해 년
　　② 姓 : 성씨 성
　　③ 左 : 왼 좌

19 ① 外 : 바깥 외
　　② 生 : 날 생
　　③ 母 : 어머니 모

20 ① 千 : 일천 천
　　② 心 : 마음 심
　　④ 馬 : 말 마

21 ③ 水 : 물 수
　　① 川 : 내 천
　　② 口 : 입 구
　　④ 江 : 강 강

22 金生(김생) : 성 김, 날 생

23 出馬(출마) : 날 출, 말 마

24 ② 月(달 월) ➡ 日(날 일)

25 ④ 五 – 총4획

26 左 : 왼 좌
　　③ 右 : 오른 우
　　① 出 : 날 출
　　② 外 : 바깥 외
　　④ 內 : 안 내

27 水力(수력) : 물 수, 힘 력(역)
　➡ 흐르거나 떨어지는 물의 힘

28 心中(심중) : 마음 심, 가운데 중
　➡ 마음의 속

29 耳目(이목) : 귀 이, 눈 목
　➡ 귀와 눈을 아울러 이르는 말. 또는 주의
　　나 관심

30 玉石(옥석) : 구슬 옥, 돌 석
　➡ 옥과 돌이라는 뜻으로, 좋은 것과 나쁜
　　것을 아울러 이르는 말

31 北魚(북어) : 북녘 북, 물고기 어
　➡ 말린 명태

32 父母(부모) : 아버지 부, 어머니 모

33 入手(입수) : 들 입, 손 수

34 年內(연내) : 해 년(연), 안 내

35 白玉(백옥) : 흰 백, 구슬 옥

36 名山(명산) : 이름 명, 메(뫼) 산

37 門下(문하) : 문 문, 아래 하

38 大地(대지) : 큰 대, 땅 지

39 木手(목수) : 나무 목, 손 수

40 靑山(청산) : 푸를 청, 메(뫼) 산

41 六月(유월) : 여섯 륙(육), 달 월

42 百姓(백성) : 일백 백, 성씨 성

43 七日(칠일) : 일곱 칠, 날 일

44 人口(인구) : 사람 인, 입 구

45 南北(남북) : 남녘 남, 북녘 북

46 山水(산수) : 메(뫼) 산, 물 수

47 門中(문중) : 문 문, 가운데 중
➡ 성과 본이 같은 가까운 집안
③ 門內(문내) : 문 문, 안 내
➡ 성과 본이 같은 가까운 집안
① 門外(문외) : 문 문, 바깥 외
➡ 문의 바깥쪽
④ 天門(천문) : 하늘 천, 문 문
➡ 천국으로 들어가는 데 있다는 문

48 ④ 千 : 일천 천
① 百 : 일백 백
② 八 : 여덟 팔
③ 十 : 열 십

49 三日天下(삼일천하) : 석 삼, 날 일,
하늘 천, 아래 하
➡ 정권을 잡았다가 짧은 기간 내에 밀려
나게 됨을 이르는 말

50 ③ 스스로 일어나지 않고 부모님께 의존
하는 행동으로 바르지 않은 태도이다.

제06회 정답 및 해설

🐶 정답표

01	02	03	04	05
④	③	①	②	③
06	**07**	**08**	**09**	**10**
②	③	①	④	①
11	**12**	**13**	**14**	**15**
③	④	①	③	②
16	**17**	**18**	**19**	**20**
④	③	④	②	④
21	**22**	**23**	**24**	**25**
④	④	②	①	②
26	**27**	**28**	**29**	**30**
③	④	④	③	①
31	**32**	**33**	**34**	**35**
②	④	③	②	③
36	**37**	**38**	**39**	**40**
③	④	②	①	③
41	**42**	**43**	**44**	**45**
④	②	②	③	①
46	**47**	**48**	**49**	**50**
④	④	③	②	④

01 ① 여섯 륙(육) : 六
   ② 작을 소 : 小
   ③ 아들 자 : 子

02 ① 이름 명 : 名
   ② 쇠 금 : 金
   ④ 어머니 모 : 母

03 ② 흰 백 : 白
   ③ 아래 하 : 下
   ④ 불 화 : 火

04 ① 오른 우 : 右
   ③ 일곱 칠 : 七
   ④ 내 천 : 川

05 ① 여자 녀 : 女
   ② 말 마 : 馬
   ④ 사람 인 : 人

06 ① 물 수 : 水
   ③ 눈 목 : 目
   ④ 날 일 : 日

07 ① 날 출 : 出
   ② 나무 목 : 木
   ④ 수풀 림 : 林

08 ② 강 강 : 江
   ③ 들 입 : 入
   ④ 동녘 동 : 東

09 ① 성씨 성 : 姓
   ② 달 월 : 月
   ③ 바깥 외 : 外

10 ② 다섯 오 : 五
   ③ 돌 석 : 石
   ④ 개 견 : 犬

11 ① 月 : 달 월
   ② 目 : 눈 목
   ④ 日 : 날 일

12 ① 中 : 가운데 중
   ② 木 : 나무 목
   ③ 水 : 물 수

13 ② 靑 : 푸를 청
　③ 門 : 문 문
　④ 上 : 위 상

14 ① 土 : 흙 토
　② 男 : 사내 남
　④ 己 : 몸 기

15 ① 天 : 하늘 천
　③ 生 : 날 생
　④ 足 : 발 족

16 ① 二 : 두 이
　② 小 : 작을 소
　③ 父 : 아버지 부

17 ① 牛 : 소 우
　② 口 : 입 구
　④ 北 : 북녘 북

18 ① 大 : 큰 대
　② 石 : 돌 석
　③ 右 : 오른 우

19 ① 犬 : 개 견
　③ 金 : 쇠 금
　④ 外 : 바깥 외

20 ① 女 : 여자 녀
　② 父 : 아버지 부
　③ 子 : 아들 자

21 ④ 中 : 가운데 중
　① 大 : 큰 대
　② 四 : 넉 사
　③ 內 : 안 내

22 五月(오월) : 다섯 오, 달 월

23 出馬(출마) : 날 출, 말 마

24 ① 男(사내 남) ➡ 子(아들 자)

25 ② 兄 – 총5획

26 地 : 땅 지
　③ 天 : 하늘 천
　① 日 : 날 일
　② 水 : 물 수
　④ 林 : 수풀 림

27 靑年(청년) : 푸를 청, 해 년(연)
　➡ 신체적·정신적으로 한창 성장하거나
　　무르익은 시기에 있는 사람

28 入口(입구) : 들 입, 입 구
　➡ 들어가는 통로

29 火力(화력) : 불 화, 힘 력(역)
　➡ 불이 탈 때에 내는 열의 힘

30 山羊(산양) : 메(뫼) 산, 양 양
　➡ 솟과의 포유류. 몸 길이 129cm, 뿔 길
　　이 13cm 정도이며, 몸의 털색은 회갈
　　색이지만 일부 털끝은 연한 흑갈색이
　　고, 뿔은 검은색이다.

31 石手(석수) : 돌 석, 손 수
　➡ 돌을 다루어 물건을 만드는 사람

32 三南(삼남) : 석 삼, 남녘 남

33 日出(일출) : 날 일, 날 출

34 一己(일기) : 한 일, 몸 기

35 生水(생수) : 날 생, 물 수

36 木手(목수) : 나무 목, 손 수

37 小心(소심) : 작을 소, 마음 심

38 先金(선금) : 먼저 선, 쇠 금

39 兄弟(형제) : 맏 형, 아우 제

40 北上(북상) : 북녘 북, 위 상

41 三千(삼천) : 석 삼, 일천 천

42 東土(동토) : 동녘 동, 흙 토

43 九九(구구) : 아홉 구, 아홉 구

44 玉石(옥석) : 구슬 옥, 돌 석

45 人生(인생) : 사람 인, 날 생

46 六十(육십) : 여섯 륙(육), 열 십

47 出金(출금) : 날 출, 쇠 금

48 ③ 右 : 오른 우
    ① 口 : 입 구
    ② 手 : 손 수
    ④ 耳 : 귀 이

49 父母兄弟(부모형제) : 아버지 부, 어머니
                    모, 맏 형, 아우 제
    ➡ 부모와 형제를 아울러 이르는 말

50 ④ 부모님이 말씀하시는 중간에 자주 끼
      어드는 것은 예의에 어긋나는 태도이
      며, 부모님의 말씀을 끝까지 경청하는
      태도가 바람직하다.

정답표

01	02	03	04	05
②	④	③	③	④
06	07	08	09	10
①	④	④	②	②
11	12	13	14	15
④	③	②	①	③
16	17	18	19	20
②	③	①	④	①
21	22	23	24	25
②	④	③	②	④
26	27	28	29	30
③	①	①	②	③
31	32	33	34	35
④	④	④	③	④
36	37	38	39	40
②	②	④	③	①
41	42	43	44	45
①	③	②	②	③
46	47	48	49	50
③	③	④	④	①

01 ① 날 일 : 日
　　③ 눈 목 : 目
　　④ 일백 백 : 百

02 ① 나무 목 : 木
　　② 흙 토 : 土
　　③ 넉 사 : 四

03 ① 날 생 : 生
　　② 여자 녀 : 女
　　④ 바깥 외 : 外

04 ① 위 상 : 生
　　② 내 천 : 川
　　④ 하늘 천 : 天

05 ① 여자 녀 : 女
　　② 말 마 : 馬
　　③ 메(뫼) 산 : 山

06 ② 말 마 : 馬
　　③ 서녘 서 : 西
　　④ 아우 제 : 弟

07 ① 들 입 : 入
　　② 사람 인 : 人
　　③ 일천 천 : 千

08 ① 가운데 중 : 中
　　② 어머니 모 : 母
　　③ 물 수 : 水

09 ① 입 구 : 口
　　③ 구슬 옥 : 玉
　　④ 안 내 : 內

10 ① 나무 목 : 木
　　③ 문 문 : 門
　　④ 물 수 : 水

11 ① 月 : 달 월
　　② 天 : 하늘 천
　　③ 白 : 흰 백

12 ① 名 : 이름 명
　　② 己 : 몸 기
　　④ 犬 : 개 견

13 ① 足 : 발 족
③ 口 : 입 구
④ 火 : 불 화

14 ② 耳 : 귀 이
③ 東 : 동녘 동
④ 金 : 쇠 금

15 ① 人 : 사람 인
② 十 : 열 십
④ 右 : 오른 우

16 ① 出 : 날 출
③ 外 : 바깥 외
④ 小 : 작을 소

17 ① 子 : 아들 자
② 年 : 해 년
④ 魚 : 물고기 어

18 ② 左 : 왼 좌
③ 男 : 사내 남
④ 弟 : 아우 제

19 ① 千 : 일천 천
② 兄 : 맏 형
③ 西 : 서녘 서

20 ② 八 : 여덟 팔
③ 五 : 다섯 오
④ 九 : 아홉 구

21 ② 足 : 발 족
① 手 : 손 수
③ 己 : 몸 기
④ 耳 : 귀 이

22 金 : 성 김

23 三男一女(삼남일녀) : 석 삼, 사내 남,
한 일, 여자 녀

24 ② 六(여섯 륙) ➡ 七(일곱 칠)

25 ④ 百 – 총6획

26 小 : 작을 소
③ 大 : 큰 대
① 千 : 일천 천
② 中 : 가운데 중
④ 入 : 들 입

27 出土(출토) : 날 출, 흙 토
➡ 땅속에 묻혀 있던 물건이 밖으로 나옴.
또는 그것을 파냄

28 犬馬(견마) : 개 견, 말 마
➡ 개나 말과 같이 천하고 보잘것없다는 뜻
으로, 자신에 관한 것을 낮추어 이르는 말

29 白手(백수) : 흰 백, 손 수
➡ 한 푼도 없는 처지에 특별히 하는 일이 없
이 빈둥거리는 사람을 속되게 이르는 말

30 江山(강산) : 강 강, 메(뫼) 산
➡ 강과 산이라는 뜻으로, 자연의 경치를
이르는 말

31 名門(명문) : 이름 명, 문 문
➡ 이름 있는 문벌. 또는 훌륭한 집안

32 先生(선생) : 먼저 선, 날 생

33 兄弟(형제) : 맏 형, 아우 제

34 百姓(백성) : 일백 백, 성씨 성

35 入山(입산) : 들 입, 메(뫼) 산

36 日出(일출) : 날 일, 날 출

37 玉石(옥석) : 구슬 옥, 돌 석

38 中天(중천) : 가운데 중, 하늘 천

39 靑山(청산) : 푸를 청, 메(뫼) 산

40 北魚(북어) : 북녘 북, 물고기 어

41 南北(남북) : 남녘 남, 북녘 북

42 手中(수중) : 손 수, 가운데 중

43 生水(생수) : 날 생, 물 수

44 年內(연내) : 해 년(연), 안 내

45 山川(산천) : 메(뫼) 산, 내 천

46 弟子(제자) : 아우 제, 아들 자

47 門中(문중) : 문 문, 가운데 중
➡ 성과 본이 같은 가까운 집안
③ 門內(문내) : 문 문, 안 내
➡ 성과 본이 같은 가까운 집안
① 門外(문외) : 문 문, 바깥 외
➡ 문의 바깥쪽
② 大門(대문) : 큰 대, 문 문
➡ 큰 문. 주로, 한 집의 주가 되는 출입문
   을 이른다.
④ 入門(입문) : 들 입, 문 문
➡ 어떤 학문에 처음으로 들어감

48 日月(일월) : 날 일, 달 월

49 三三五五(삼삼오오) : 석 삼, 석 삼,
                      다섯 오, 다섯 오
➡ 서너 사람 또는 대여섯 사람이 떼를 지어
   다니거나 무슨 일을 함. 또는 그런 모양

50 ① 외출할 때는 아무도 모르게 나가는 것
   은 무단 외출로, 가족에게 걱정을 끼치
   고 예의에도 어긋나는 행동이다. 외출
   시에는 꼭 부모님께 말씀드리고 인사
   를 하는 것이 바른 태도이다.

🐶 정답표

01	02	03	04	05
②	③	③	④	①
06	07	08	09	10
④	②	③	④	③
11	12	13	14	15
②	②	③	③	④
16	17	18	19	20
①	②	④	④	③
21	22	23	24	25
④	③	③	①	①
26	27	28	29	30
②	③	④	②	④
31	32	33	34	35
①	③	④	③	②
36	37	38	39	40
①	④	③	④	②
41	42	43	44	45
④	③	①	①	④
46	47	48	49	50
③	②	③	④	③

01 ① 아버지 부 : 父
③ 날 생 : 生
④ 여자 녀 : 女

02 ① 쇠 금 : 金
② 아래 하 : 下
④ 서녘 서 : 西

03 ① 하늘 천 : 天
② 들 입 : 入
④ 강 강 : 江

04 ① 여섯 륙(육) : 六
② 입 구 : 口
③ 일곱 칠 : 七

05 ② 소 우 : 牛
③ 돌 석 : 石
④ 안 내 : 內

06 ① 날 생 : 生
② 위 상 : 上
③ 아홉 구 : 九

07 ① 열 십 : 十
③ 작을 소 : 小
④ 땅 지 : 地

08 ① 날 일 : 日
② 사내 남 : 男
④ 동녘 동 : 東

09 ① 물고기 어 : 魚
② 푸를 청 : 青
③ 해 년 : 年

10 ① 바깥 외 : 外
② 사람 인 : 人
④ 개 견 : 犬

11 ① 左 : 왼 좌
③ 土 : 흙 토
④ 山 : 메(뫼) 산

12 ① 入 : 들 입
③ 內 : 안 내
④ 右 : 오른 우

13 ① 白 : 흰 백
    ② 名 : 이름 명
    ④ 月 : 달 월

14 ① 女 : 여자 녀
    ② 母 : 어머니 모
    ④ 子 : 아들 자

15 ① 木 : 나무 목
    ② 耳 : 귀 이
    ③ 口 : 입 구

16 ② 水 : 물 수
    ③ 西 : 서녘 서
    ④ 上 : 위 상

17 ① 大 : 큰 대
    ③ 靑 : 푸를 청
    ④ 月 : 달 월

18 ① 生 : 날 생
    ② 川 : 내 천
    ③ 右 : 오른 우

19 ① 年 : 해 년
    ② 魚 : 물고기 어
    ③ 犬 : 개 견

20 ① 足 : 발 족
    ② 門 : 문 문
    ④ 手 : 손 수

21 ④ 男 : 사내 남
    ① 子 : 아들 자
    ② 弟 : 아우 제
    ③ 父 : 아버지 부

22 東西(동서) : 동녘 동, 서녘 서

23 南北(남북) : 남녘 남, 북녘 북

24 ① 月(달 월) ➡ 木(나무 목)

25 ① 先 – 총6획

26 右 : 오른 우
    ② 左 : 왼 좌
    ① 月 : 달 월
    ③ 七 : 일곱 칠
    ④ 三 : 석 삼

27 土地(토지) : 흙 토, 땅 지
    ➡ 경지나 주거지 따위의 사람의 생활과
      활동에 이용하는 땅

28 下手(하수) : 아래 하, 손 수
    ➡ 남보다 낮은 재주나 솜씨. 또는 그런 솜
      씨를 가진 사람

29 內心(내심) : 안 내, 마음 심
    ➡ 겉으로 드러나지 아니한 실제의 마음

30 生日(생일) : 날 생, 날 일
    ➡ 세상에 태어난 날. 또는 태어난 날을 기
      념하는 해마다의 그날

31 白玉(백옥) : 흰 백, 구슬 옥
    ➡ 빛깔이 하얀 옥

32 林木(임목) : 수풀 림(임), 나무 목

33 北魚(북어) : 북녘 북, 물고기 어

34 心地(심지) : 마음 심, 땅 지

35 江南(강남) : 강 강, 남녘 남

36 大入(대입) : 큰 대, 들 입

37 目下(목하) : 눈 **목**, 아래 **하**

38 水力(수력) : 물 **수**, 힘 **력(역)**

39 人生(인생) : 사람 **인**, 날 **생**

40 靑年(청년) : 푸를 **청**, 해 **년(연)**

41 三女(삼녀) : 석 **삼**, 여자 **녀(여)**

42 白馬(백마) : 흰 **백**, 말 **마**

43 外出(외출) : 바깥 **외**, 날 **출**

44 下水(하수) : 아래 **하**, 물 **수**

45 一年(일년) : 한 **일**, 해 **년(연)**

46 二千(이천) : 두 **이**, 일천 **천**

47 木手(목수) : 나무 **목**, 손 **수**
　➡ 나무를 다루어 집을 짓거나 가구, 기구
　　따위를 만드는 일을 직업으로 하는 사람
　② 大木(대목) : 큰 **대**, 나무 **목**
　➡ '목수(木手)'를 높여 이르는 말
　① 山林(산림) : 메(뫼) **산**, 수풀 **림(임)**
　➡ 산과 숲, 또는 산에 있는 숲

48 子女(자녀) : 아들 **자**, 여자 **녀(여)**
　➡ 아들과 딸을 아울러 이르는 말
　③ 父母(부모) : 아버지 **부**, 어머니 **모**
　➡ 아버지와 어머니를 아울러 이르는 말
　① 女子(여자) : 여자 **녀(여)**, 아들 **자**
　➡ 여성으로 태어난 사람
　② 男子(남자) : 사내 **남**, 아들 **자**
　➡ 남성으로 태어난 사람
　④ 母女(모녀) : 어머니 **모**, 여자 **녀(여)**
　➡ 어머니와 딸을 아울러 이르는 말

49 靑天白日(청천백일) : 푸를 **청**, 하늘 **천**,
　　　　　　　　　　흰 **백**, 날 **일**
　➡ 하늘이 맑게 갠 대낮

50 ③ 맛있는 음식만 골라 먹는 편식은 영양
　불균형을 초래할 수 있으므로, 바르지
　않은 행동이다.

정답표

01	02	03	04	05
①	④	④	②	①
06	07	08	09	10
②	④	③	①	②
11	12	13	14	15
③	④	④	①	②
16	17	18	19	20
①	④	③	③	④
21	22	23	24	25
③	④	①	②	③
26	27	28	29	30
④	④	③	④	③
31	32	33	34	35
③	②	③	①	③
36	37	38	39	40
①	③	④	②	③
41	42	43	44	45
②	④	③	④	①
46	47	48	49	50
④	②	③	②	④

01 ② 가운데 중 : 中
③ 석 삼 : 三
④ 흙 토 : 土

02 ① 마음 심 : 心
② 맏 형 : 兄
③ 사람 인 : 人

03 ① 큰 대 : 大
② 손 수 : 手
③ 눈 목 : 目

04 ① 북녘 북 : 北
③ 아우 제 : 弟
④ 다섯 오 : 五

05 ② 나무 목 : 木
③ 수풀 림 : 林
④ 불 화 : 火

06 ① 성씨 성 : 姓
③ 말 마 : 馬
④ 입 구 : 口

07 ① 아래 하 : 下
② 들 입 : 入
③ 쇠 금 : 金

08 ① 강 강 : 江
② 양 양 : 羊
④ 발 족 : 足

09 ② 달 월 : 月
③ 날 일 : 日
④ 흰 백 : 白

10 ① 나무 목 : 木
③ 내 천 : 川
④ 사람 인 : 人

11 ① 天 : 하늘 천
② 四 : 넉 사
④ 內 : 안 내

12 ① 姓 : 성씨 성
② 靑 : 푸를 청
③ 山 : 메(뫼) 산

13 ① 馬 : 말 마
　② 月 : 달 월
　③ 千 : 일천 천

14 ② 三 : 석 삼
　③ 日 : 날 일
　④ 己 : 몸 기

15 ① 兄 : 맏 형
　③ 生 : 날 생
　④ 耳 : 귀 이

16 ② 七 : 일곱 칠
　③ 牛 : 소 우
　④ 犬 : 개 견

17 ① 外 : 바깥 외
　② 出 : 날 출
　③ 木 : 나무 목

18 ① 四 : 넉 사
　② 入 : 들 입
　④ 東 : 동녘 동

19 ① 火 : 불 화
　② 水 : 물 수
　④ 石 : 돌 석

20 ① 母 : 어머니 모
　② 名 : 이름 명
　③ 五 : 다섯 오

21 ③ 火 : 불 화
　① 口 : 입 구
　② 山 : 메(뫼) 산
　④ 白 : 흰 백

22 十月(시월) : 열 십, 달 월

23 男子(남자) : 사내 남, 아들 자

24 ② 東(동녘 동) ➡ 西(서녘 서)

25 ③ 百 – 총6획

26 外 : 바깥 외
　④ 內 : 안 내
　① 中 : 가운데 중
　② 入 : 들 입
　③ 左 : 왼 좌

27 水力(수력) : 물 수, 힘 력(역)
　➡ 흐르거나 떨어지는 물의 힘

28 人魚(인어) : 사람 인, 물고기 어
　➡ 상반신은 사람과 같고 하반신은 물고기
　　와 같다는 상상의 바다 동물

29 玉石(옥석) : 구슬 옥, 돌 석
　➡ 옥과 돌이라는 뜻으로, 좋은 것과 나쁜
　　것을 아울러 이르는 말

30 中心(중심) : 가운데 중, 마음 심
　➡ 사물의 한가운데

31 山羊(산양) : 메(뫼) 산, 양 양
　➡ 솟과의 포유류. 몸길이 129cm, 뿔 길
　　이 13cm 정도이며 몸의 털색은 회갈색
　　이지만 일부 털끝은 연한 흑갈색이고,
　　뿔은 검은색이다.

32 父母(부모) : 아버지 부, 어머니 모

33 先日(선일) : 먼저 선, 날 일

34 日出(일출) : 날 일, 날 출

35 木馬(목마) : 나무 목, 말 마

36 山地(산지) : 메(뫼) **산**, 땅 **지**

37 水心(수심) : 물 **수**, 마음 **심**

38 月出(월출) : 달 **월**, 날 **출**

39 年中(연중) : 해 **년(연)**, 가운데 **중**

40 人心(인심) : 사람 **인**, 마음 **심**

41 左右(좌우) : 왼 **좌**, 오른쪽 **우**

42 出生(출생) : 날 **출**, 날 **생**

43 地下(지하) : 땅 **지**, 아래 **하**

44 百日(백일) : 일백 **백**, 날 **일**

45 南北(남북) : 남녘 **남**, 북녘 **북**

46 山水(산수) : 메(뫼) **산**, 물 **수**

47 門下生(문하생) : 문 **문**, 아래 **하**, 날 **생**
➡ 문하에서 배우는 제자
② 門人(문인) : 문 **문**, 사람 **인**
➡ 문하에서 배우는 제자
① 子弟(자제) : 아들 **자**, 아우 **제**
➡ 남을 높여 그의 아들을 이르는 말
③ 門外(문외) : 문 **문**, 바깥 **외**
➡ 문의 바깥쪽
④ 門中(문중) : 문 **문**, 가운데 **중**
➡ 성과 본이 같은 가까운 집안

48 小人(소인) : 작을 **소**, 사람 **인**
➡ 나이가 어린 사람
① 小心(소심) : 작을 **소**, 마음 **심**
➡ 마음이 너그럽지 못하거나 대범하지 못함
③ 大人(대인) : 큰 **대**, 사람 **인**
➡ 자라서 어른이 된 사람. 보통 만 19세
이상의 남녀를 이른다.
④ 大小(대소) : 큰 **대**, 작을 **소**
➡ 크고 작음

49 南男北女(남남북녀) : 남녘 **남**, 사내 **남**,
북녘 **북**, 여자 **녀(여)**
➡ 우리나라에서, 남자는 남쪽 지방 사람
이 잘나고 여자는 북쪽 지방 사람이 고
움을 이르는 말

50 ④ 윗사람에게 물건을 드릴 때는 두 손으
로 공손하게 드리는 것이 올바른 예절
이다.

정답표

01	02	03	04	05
②	①	①	④	③
06	07	08	09	10
①	②	③	②	③
11	12	13	14	15
②	④	④	③	②
16	17	18	19	20
①	③	④	①	②
21	22	23	24	25
④	③	②	④	②
26	27	28	29	30
①	④	②	③	②
31	32	33	34	35
①	③	②	④	②
36	37	38	39	40
④	④	①	④	③
41	42	43	44	45
①	②	③	④	④
46	47	48	49	50
②	②	③	③	④

01 ① 사람 인 : 人
③ 일천 천 : 千
④ 하늘 천 : 天

02 ② 여자 녀 : 女
③ 아들 자 : 子
④ 날 생 : 生

03 ② 양 양 : 羊
③ 오른 우 : 右
④ 입 구 : 口

04 ① 날 출 : 出
② 수풀 림 : 林
③ 내 천 : 川

05 ① 강 강 : 江
② 일곱 칠 : 七
④ 맏 형 : 兄

06 ② 넉 사 : 四
③ 흰 백 : 白
④ 돌 석 : 石

07 ① 귀 이 : 耳
③ 손 수 : 手
④ 안 내 : 內

08 ① 날 일 : 日
② 메(뫼) 산 : 山
④ 땅 지 : 地

09 ① 오른 우 : 右
③ 아버지 부 : 父
④ 여덟 팔 : 八

10 ① 해 년 : 年
② 나무 목 : 木
④ 땅 지 : 地

11 ① 上 : 위 상
③ 土 : 흙 토
④ 北 : 북녘 북

12 ① 魚 : 물고기 어
② 手 : 손 수
③ 生 : 날 생

13 ① 心 : 마음 심
　　② 靑 : 푸를 청
　　③ 月 : 달 월

14 ① 玉 : 구슬 옥
　　② 白 : 흰 백
　　④ 六 : 여섯 륙(육)

15 ① 火 : 불 화
　　③ 林 : 수풀 림
　　④ 姓 : 성씨 성

16 ② 五 : 다섯 오
　　③ 父 : 아버지 부
　　④ 大 : 큰 대

17 ① 內 : 안 내
　　② 千 : 일천 천
　　④ 目 : 눈 목

18 ① 上 : 위 상
　　② 木 : 나무 목
　　③ 月 : 달 월

19 ② 十 : 열 십
　　③ 口 : 입 구
　　④ 石 : 돌 석

20 ① 二 : 두 이
　　③ 母 : 어머니 모
　　④ 馬 : 말 마

21 ④ 四 : 넉 사
　　① 八 : 여덟 팔
　　② 母 : 어머니 모
　　③ 西 : 서녘 서

22 弟子(제자) : 아우 제, 아들 자

23 百出(백출) : 일백 백, 날 출

24 ④ 左(왼 좌) ➡ 中(가운데 중)

25 ② 出 – 총5획

26 地 : 땅 지
　　① 天 : 하늘 천
　　② 出 : 날 출
　　③ 入 : 들 입
　　④ 口 : 입 구

27 下手(하수) : 아래 하, 손 수
　　➡ 남보다 낮은 재주나 솜씨. 또는 그런 솜
　　　씨를 가진 사람

28 名門(명문) : 이름 명, 문 문
　　➡ 이름 있는 문벌. 또는 훌륭한 집안

29 出馬(출마) : 날 출, 말 마
　　➡ 선거에 입후보함

30 生水(생수) : 날 생, 물 수
　　➡ 샘구멍에서 솟아 나오는 맑은 물

31 大魚(대어) : 큰 대, 물고기 어
　　➡ 큰 물고기

32 百姓(백성) : 일백 백, 성씨 성

33 己心(기심) : 몸 기, 마음 심

34 一月(일월) : 한 일, 달 월

35 名目(명목) : 이름 명, 눈 목

36 白羊(백양) : 흰 백, 양 양

37 姓名(성명) : 성씨 성, 이름 명

38 入金(입금) : 들 **입**, 쇠 **금**

39 地下(지하) : 땅 **지**, 아래 **하**

40 出土(출토) : 날 **출**, 흙 **토**

41 金九(김구) : 성 **김**, 아홉 **구**

42 北魚(북어) : 북녘 **북**, 물고기 **어**

43 東西(동서) : 동녘 **동**, 서녘 **서**

44 名山(명산) : 이름 **명**, 메(뫼) **산**

45 山川(산천) : 메(뫼) **산**, 내 **천**

46 父子(부자) : 아버지 **부**, 아들 **자**

47 大木(대목) : 큰 **대**, 나무 **목**
  ➡ '목수(木手)'를 높여 이르는 말
  ② 木手(목수) : 나무 **목**, 손 **수**
  ➡ 나무를 다루어 집을 짓거나 가구, 기구
    따위를 만드는 일을 직업으로 하는 사람
  ① 大門(대문) : 큰 **대**, 문 **문**
  ➡ 큰 문. 주로, 한 집의 주가 되는 출입문
    을 이른다.
  ③ 大小(대소) : 큰 **대**, 작을 **소**
  ➡ 크고 작음
  ④ 門人(문인) : 문 **문**, 사람 **인**
  ➡ 문하에서 배우는 제자

48 ③ 九 : 아홉 **구**
  ① 目 : 눈 **목**
  ② 口 : 입 **구**
  ④ 耳 : 귀 **이**

49 十中八九(십중팔구) : 열 **십**, 가운데 **중**,
                      여덟 **팔**, 아홉 **구**
  ➡ 열 가운데 여덟이나 아홉 정도로 거의
    대부분이거나 거의 틀림없음

50 ④ 한자는 단순히 소리(음)만 아는 것만으
    로는 정확한 의미를 파악하기 어렵다.
    한자의 진정한 의미를 이해하고 올바
    르게 사용하기 위해서는 글자가 가진
    뜻(훈)을 함께 익히는 것이 매우 중요
    하다.

정답표

01	02	03	04	05
②	③	②	④	①
06	07	08	09	10
②	④	③	③	②
11	12	13	14	15
②	④	①	③	②
16	17	18	19	20
④	②	④	③	②
21	22	23	24	25
③	①	④	④	③
26	27	28	29	30
②	③	②	②	④
31	32	33	34	35
③	①	④	④	③
36	37	38	39	40
①	④	④	③	④
41	42	43	44	45
④	②	②	③	④
46	47	48	49	50
①	①	①	③	①

01 ① 입 구 : 口
   ③ 오른 우 : 右
   ④ 구슬 옥 : 玉

02 ① 물 수 : 水
   ② 아래 하 : 下
   ④ 사람 인 : 人

03 ① 아우 제 : 弟
   ③ 날 출 : 出
   ④ 성씨 성 : 姓

04 ① 손 수 : 手
   ② 양 양 : 羊
   ③ 여섯 륙 : 六

05 ② 맏 형 : 兄
   ③ 흙 토 : 土
   ④ 나무 목 : 木

06 ① 날 일 : 日
   ③ 하늘 천 : 天
   ④ 강 강 : 江

07 ① 달 월 : 月
   ② 안 내 : 內
   ③ 눈 목 : 目

08 ① 여덟 팔 : 八
   ② 어머니 모 : 母
   ④ 성씨 성 : 姓

09 ① 흰 백 : 白
   ② 날 일 : 日
   ④ 다섯 오 : 五

10 ① 물고기 어 : 魚
   ③ 발 족 : 足
   ④ 가운데 중 : 中

11 ① 子 : 아들 자
   ③ 生 : 날 생
   ④ 己 : 몸 기

12 ① 目 : 눈 목
   ② 弟 : 아우 제
   ③ 心 : 마음 심

13 ② 男 : 사내 **남**
　　③ 父 : 아버지 부
　　④ 東 : 동녘 동

14 ① 女 : 여자 녀
　　② 小 : 작을 소
　　④ 江 : 강 **강**

15 ① 入 : 들 **입**
　　③ 大 : 큰 대
　　④ 日 : 날 일

16 ① 土 : 흙 토
　　② 北 : 북녘 북
　　③ 四 : 넉 사

17 ① 江 : 강 **강**
　　③ 上 : 위 **상**
　　④ 水 : 물 **수**

18 ① 姓 : 성씨 성
　　② 林 : 수풀 림
　　③ 足 : 발 족

19 ① 石 : 돌 석
　　② 羊 : 양 **양**
　　④ 天 : 하늘 천

20 ① 馬 : 말 마
　　③ 火 : 불 **화**
　　④ 水 : 물 수

21 ① 姓 : 성씨 성
　　② 出 : 날 출
　　③ 生 : 날 생
　　④ 日 : 날 일

22 年年(연년) : 해 **년(연)**, 해 **년(연)**

23 八月(팔월) : 여덟 **팔**, 달 **월**

24 ④ 八(여덟 팔) ➡ 七(일곱 칠)

25 ③ 南 − 총9획

26 足 : 발 족
　　② 手 : 손 수
　　① 己 : 몸 기
　　③ 內 : 안 내
　　④ 水 : 물 수

27 玉石(옥석) : 구슬 옥, 돌 석
　➡ 옥과 돌이라는 뜻으로, 좋은 것과 나쁜 것을 아울러 이르는 말

28 江山(강산) : 강 **강**, 메(뫼) 산
　➡ 강과 산이라는 뜻으로, 자연의 경치를 이르는 말

29 先生(선생) : 먼저 **선**, 날 생
　➡ 학생을 가르치는 사람

30 馬力(마력) : 말 **마**, 힘 **력(역)**
　➡ 동력이나 단위 시간당 일의 양을 나타내는 실용 단위. 말 한 마리의 힘에 해당하는 일의 양이다.

31 月出(월출) : 달 **월**, 날 **출**
　➡ 달이 지평선 위로 떠오름

32 耳目(이목) : 귀 **이**, 눈 목

33 天下(천하) : 하늘 **천**, 아래 하

34 水土(수토) : 물 수, 흙 토

35 千金(천금) : 일천 천, 쇠 금

36 人名(인명) : 사람 **인**, 이름 **명**

37 手下(수하) : 손 수, 아래 하

38 大魚(대어) : 큰 대, 물고기 어

39 生日(생일) : 날 생, 날 일

40 木馬(목마) : 나무 목, 말 마

41 山林(산림) : 메(뫼) 산, 수풀 림(임)

42 年中(연중) : 해 년(연), 가운데 중

43 外出(외출) : 바깥 외, 날 출

44 中天(중천) : 가운데 중, 하늘 천

45 水石(수석) : 물 수, 돌 석

46 內山(내산) : 안 내, 메(뫼) 산

47 下手(하수) : 아래 하, 손 수
➡ 남보다 낮은 재주나 솜씨. 또는 그런 솜
   씨를 가진 사람
① 上手(상수) : 위 상, 손 수
➡ 남보다 뛰어난 수나 솜씨. 또는 그런 수
   나 솜씨를 가진 사람
② 手下(수하) : 손 수, 아래 하
➡ 나이나 항렬 따위가 자기보다 아래이거나
   낮은 관계. 또는 그런 관계에 있는 사람
③ 入手(입수) : 들 입, 손 수
➡ 손에 들어옴. 또는 손에 넣음
④ 手中(수중) : 손 수, 가운데 중
➡ 손의 안

48 ① 四 : 넉 사
   ② 耳 : 귀 이
   ③ 口 : 입 구
   ④ 足 : 발 족

49 三三五五(삼삼오오) : 석 삼, 석 삼,
                      다섯 오, 다섯 오
➡ 서너 사람 또는 대여섯 사람이 떼를 지어
   다니거나 무슨 일을 함. 또는 그런 모양

50 ② 내가 싫어하는 친구는 다른 친구들도
   싫어하게 만드는 것은 다른 친구들에
   게도 좋지 않은 영향을 끼치고, 결국 공
   동체 전체의 분위기를 해치는 행동이
   며, 올바르지 않다.
   ③ 도움이 되지 않는다는 이유로 친구를
   무시하는 것은 옳지 않은 태도이다.
   ④ 좋은 점은 배우고 본받아야 하지만, 나
   쁜 점을 따라 하는 것은 자신에게도 해
   로운 행동이므로 피해야 한다.

제12회 정답 및 해설

🐶 정답표

01	02	03	04	05
③	①	②	④	②
06	07	08	09	10
④	③	④	①	③
11	12	13	14	15
①	④	①	②	④
16	17	18	19	20
③	①	④	②	①
21	22	23	24	25
③	④	②	③	④
26	27	28	29	30
①	①	②	④	③
31	32	33	34	35
④	④	③	①	④
36	37	38	39	40
③	①	①	③	①
41	42	43	44	45
④	③	③	②	④
46	47	48	49	50
②	③	②	①	③

01 ① 맏 형 : 兄
　② 성씨 성 : 姓
　④ 북녘 북 : 北

02 ② 양 양 : 羊
　③ 이름 명 : 名
　④ 일천 천 : 千

03 ① 먼저 선 : 先
　③ 일백 백 : 百
　④ 달 월 : 月

04 ① 여자 녀 : 女
　② 여덟 팔 : 八
　③ 어머니 모 : 母

05 ① 안 내 : 內
　③ 석 삼 : 三
　④ 말 마 : 馬

06 ① 흙 토 : 土
　② 내 천 : 川
　③ 나무 목 : 木

07 ① 위 상 : 上
　② 발 족 : 足
　④ 내 천 : 川

08 ① 귀 이 : 耳
　② 해 년 : 年
　③ 달 월 : 月

09 ② 물고기 어 : 魚
　③ 마음 심 : 心
　④ 왼 좌 : 左

10 ① 일천 천 : 千
　② 큰 대 : 大
　④ 서녘 서 : 西

11 ② 先 : 먼저 선
　③ 生 : 날 생
　④ 下 : 아래 하

12 ① 父 : 아버지 부
　② 兄 : 맏 형
　③ 右 : 오른 우

13 ② 日 : 날 일
③ 白 : 흰 백
④ 外 : 바깥 외

14 ① 大 : 큰 대
③ 木 : 나무 목
④ 地 : 땅 지

15 ① 內 : 안 내
② 出 : 날 출
③ 西 : 서녘 서

16 ① 下 : 아래 하
② 中 : 가운데 중
④ 石 : 돌 석

17 ② 六 : 여섯 륙(육)
③ 九 : 아홉 구
④ 七 : 일곱 칠

18 ① 右 : 오른 우
② 己 : 몸 기
③ 月 : 달 월

19 ① 地 : 땅 지
③ 土 : 흙 토
④ 人 : 사람 인

20 ② 口 : 입 구
③ 母 : 어머니 모
④ 子 : 아들 자

21 ③ 木 : 나무 목
① 東 : 동녘 동
② 林 : 수풀 림
④ 地 : 땅 지

22 男子(남자) : 사내 남, 아들 자

23 兄弟(형제) : 맏 형, 아우 제

24 ③ 入(들 입) ➡ 人(사람 인)

25 ④ 出 – 총5획

26 外 : 바깥 외
① 內 : 안 내
② 中 : 가운데 중
③ 左 : 왼 좌
④ 右 : 오른 우

27 人力(인력) : 사람 인, 힘 력(역)
➡ 사람의 힘

28 土地(토지) : 흙 토, 땅 지
➡ 경지나 주거지 따위의 사람의 생활과
활동에 이용하는 땅

29 江南(강남) : 강 강, 남녘 남
➡ 강의 남쪽 지역

30 名馬(명마) : 이름 명, 말 마
➡ 매우 우수한 말

31 先山(선산) : 먼저 선, 메(뫼) 산
➡ 조상의 무덤이 있는 산

32 姓名(성명) : 성씨 성, 이름 명

33 東山(동산) : 동녘 동, 메(뫼) 산

34 先天(선천) : 먼저 선, 하늘 천

35 石手(석수) : 돌 석, 손 수

36 小心(소심) : 작을 소, 마음 심

37 年內(연내) : 해 년(연), 안 내

38 左右(좌우) : 왼 **좌**, 오른쪽 **우**

39 北上(북상) : 북녘 **북**, 위 **상**

40 入金(입금) : 들 **입**, 쇠 **금**

41 外地(외지) : 바깥 **외**, 땅 **지**

42 日出(일출) : 날 **일**, 날 **출**

43 手中(수중) : 손 **수**, 가운데 **중**

44 玉石(옥석) : 구슬 **옥**, 돌 **석**

45 外出(외출) : 바깥 **외**, 날 **출**

46 大門(대문) : 큰 **대**, 문 **문**

47 弟子(제자) : 아우 **제**, 아들 **자**
➡ 스승으로부터 가르침을 받거나 받은
사람
③ 門生(문생) : 문 **문**, 날 **생**
➡ 문하에서 배우는 제자
① 父子(부자) : 아비 **부**, 아들 **자**
➡ 아버지와 아들
② 門中(문중) : 문 **문**, 가운데 **중**
➡ 성과 본이 같은 가까운 집안
④ 兄弟(형제) : 맏 **형**, 아우 **제**
➡ 형과 아우를 아울러 이르는 말

48 小人(소인) : 작을 **소**, 사람 **인**
➡ 나이가 어린 사람
② 大人(대인) : 큰 **대**, 사람 **인**
➡ 자라서 어른이 된 사람. 보통 만 19세
이상의 남녀를 이른다.
③ 中人(중인) : 가운데 **중**, 사람 **인**
➡ 조선 시대에, 양반과 평민의 중간에 있
던 신분 계급

④ 大小(대소) : 큰 **대**, 작을 **소**
➡ 크고 작음

49 東西南北(동서남북) : 동녘 **동**, 서녘 **서**,
남녘 **남**, 북녘 **북**
➡ 동쪽·서쪽·남쪽·북쪽이라는 뜻으로,
모든 방향을 이르는 말

50 ③ 친구가 잘못을 저질렀을 때는 친구에
게 직접 이야기하거나, 어려운 경우 선
생님과 상의하여 해결하는 것이 올바
른 방법이다.

🐶 정답표

01	02	03	04	05
①	④	②	③	③
06	07	08	09	10
④	②	③	①	③
11	12	13	14	15
③	①	④	④	③
16	17	18	19	20
②	①	③	④	②
21	22	23	24	25
④	①	②	③	②
26	27	28	29	30
③	③	②	④	③
31	32	33	34	35
②	④	②	③	②
36	37	38	39	40
④	①	④	③	②
41	42	43	44	45
②	④	①	①	④
46	47	48	49	50
③	④	③	③	①

01 ②들 입 : 入
　 ③위 상 : 上
　 ④날 생 : 生

02 ①강 강 : 江
　 ②어머니 모 : 母
　 ③석 삼 : 三

03 ①나무 목 : 木
　 ③열 십 : 十
　 ④아래 하 : 下

04 ①개 견 : 犬
　 ②물 수 : 水
　 ④여덟 팔 : 八

05 ①넉 사 : 四
　 ②동녘 동 : 東
　 ④왼 좌 : 左

06 ①날 일 : 日
　 ②아들 자 : 子
　 ③오른 우 : 右

07 ①손 수 : 手
　 ③안 내 : 內
　 ④아버지 부 : 父

08 ①가운데 중 : 中
　 ②땅 지 : 地
　 ④일천 천 : 千

09 ②날 일 : 日
　 ③맏 형 : 兄
　 ④돌 석 : 石

10 ①일백 백 : 百
　 ②물고기 어 : 魚
　 ④쇠 금 : 金

11 ①耳 : 귀 이
　 ②九 : 아홉 구
　 ④水 : 물 수

12 ②南 : 남녘 남
　 ③右 : 오른 우
　 ④口 : 입 구

13 ① 生 : 날 생
② 入 : 들 입
③ 出 : 날 출

14 ① 金 : 쇠 금
② 大 : 큰 대
③ 小 : 작을 소

15 ① 日 : 날 일
② 八 : 여덟 팔
④ 人 : 사람 인

16 ① 下 : 아래 하
③ 牛 : 소 우
④ 子 : 아들 자

17 ② 木 : 나무 목
③ 二 : 두 이
④ 女 : 여자 녀

18 ① 林 : 수풀 림
② 土 : 흙 토
④ 靑 : 푸를 청

19 ① 白 : 흰 백
② 川 : 내 천
③ 山 : 메(뫼) 산

20 ① 男 : 사내 남
③ 犬 : 개 견
④ 十 : 열 십

21 ④ 中 : 가운데 중
① 右 : 오른 우
② 內 : 안 내
③ 左 : 왼 좌

22 先生(선생) : 먼저 선, 날 생

23 年年(연년) : 해 년(연), 해 년(연)

24 ③ 山[메(뫼) 산] ➡ 月(달 월)

25 ② 百 – 총6획

26 地 : 땅 지
③ 天 : 하늘 천
① 川 : 내 천
② 大 : 큰 대
④ 土 : 흙 토

27 九牛(구우) : 아홉 구, 소 우
➡ 아홉 마리의 소

28 日入(일입) : 날 일, 들 입
➡ 해가 짐

29 手足(수족) : 손 수, 발 족
➡ 손과 발을 아울러 이르는 말

30 石耳(석이) : 돌 석, 귀 이
➡ 지의류 석이과의 버섯

31 山羊(산양) : 메(뫼) 산, 양 양
➡ 솟과의 포유류. 몸길이 129cm, 뿔 길
이 13cm 정도이며 몸의 털색은 회갈색
이지만 일부 털끝은 연한 흑갈색이고,
뿔은 검은색이다.

32 玉石(옥석) : 구슬 옥, 돌 석

33 年內(연내) : 해 년(연), 안 내

34 耳目(이목) : 귀 이, 눈 목

35 東土(동토) : 동녘 동, 흙 토

36 門下(문하) : 문 문, 아래 하

37 七七(칠칠) : 일곱 **칠**, 일곱 **칠**

38 千金(천금) : 일천 **천**, 쇠 **금**

39 男女(남녀) : 사내 **남**, 여자 **녀(여)**

40 生水(생수) : 날 **생**, 물 **수**

41 年中(연중) : 해 **년(연)**, 가운데 **중**

42 五目(오목) : 다섯 **오**, 눈 **목**

43 六月(유월) : 여섯 **륙(육)**, 달 **월**

44 出馬(출마) : 날 **출**, 말 **마**

45 十月(시월) : 열 **십**, 달 **월**

46 日出(일출) : 날 **일**, 날 **출**

47 下手(하수) : 아래 **하**, 손 **수**
    ➡ 남보다 낮은 재주나 솜씨. 또는 그런 솜
      씨를 가진 사람
    ④ 上手(상수) : 위 **상**, 손 **수**
    ➡ 남보다 뛰어난 수나 솜씨. 또는 그런 수
      나 솜씨를 가진 사람
    ② 手上(수상) : 손 **수**, 위 **상**
    ➡ 나이나 항렬 따위가 자기보다 위이거나
      높은 관계. 또는 그런 관계에 있는 사람
    ③ 右手(우수) : 오른 **우**, 손 **수**
    ➡ 오른쪽에 있는 손

48 ③ 千 : 일천 **천**
    ① 十 : 열 **십**
    ② 百 : 일백 **백**
    ④ 九 : 아홉 **구**

49 三三五五(삼삼오오) : 석 **삼**, 석 **삼**,
                      다섯 **오**, 다섯 **오**
    ➡ 서너 사람 또는 대여섯 사람이 떼를 지어
      다니거나 무슨 일을 함. 또는 그런 모양

50 ① 공공장소에서 함부로 뛰어다니는 것은
      다른 사람에게 불편을 주거나 안전사
      고를 유발할 수 있으므로 옳지 않은 행
      동이다.

제 **14**회 정답 및 해설

🐶 정답표

01	02	03	04	05
②	③	①	④	④
06	07	08	09	10
①	②	④	③	②
11	12	13	14	15
②	④	③	②	①
16	17	18	19	20
①	④	③	②	②
21	22	23	24	25
③	①	②	①	④
26	27	28	29	30
③	②	③	③	②
31	32	33	34	35
③	④	②	③	③
36	37	38	39	40
③	①	②	④	④
41	42	43	44	45
③	②	①	④	④
46	47	48	49	50
②	④	②	③	②

01 ① 사람 인 : 人
③ 날 일 : 日
④ 위 상 : 上

02 ① 아들 자 : 子
② 입 구 : 口
④ 서녘 서 : 西

03 ② 흙 토 : 土
③ 불 화 : 火
④ 바깥 외 : 外

04 ① 열 십 : 十
② 일백 **백** : 百
③ 들 입 : 入

05 ① 말 마 : 馬
② 큰 대 : 大
③ 양 양 : 羊

06 ② 맏 형 : 兄
③ 여자 녀 : 女
④ 어머니 모 : 母

07 ① 아우 제 : 弟
③ 눈 목 : 目
④ 나무 목 : 木

08 ① 아홉 구 : 九
② 날 생 : 生
③ 돌 석 : 石

09 ① 성씨 성 : 姓
② 작을 소 : 小
④ 강 강 : 江

10 ① 동녘 동 : 東
③ 석 삼 : 三
④ 흰 백 : 白

11 ① 水 : 물 수
③ 月 : 달 월
④ 土 : 흙 토

12 ① 天 : 하늘 천
② 名 : 이름 명
③ 林 : 수풀 림

13 ① 子 : 아들 자
② 父 : 아버지 부
④ 入 : 들 입

14 ① 人 : 사람 인
③ 右 : 오른 우
④ 犬 : 개 견

15 ② 南 : 남녘 남
③ 上 : 위 상
④ 木 : 나무 목

16 ② 生 : 날 생
③ 火 : 불 화
④ 六 : 여섯 륙(육)

17 ① 耳 : 귀 이
② 姓 : 성씨 성
③ 母 : 어머니 모

18 ① 百 : 일백 백
② 羊 : 양 양
④ 日 : 날 일

19 ① 己 : 몸 기
③ 北 : 북녘 북
④ 左 : 왼 좌

20 ① 靑 : 푸를 청
③ 石 : 돌 석
④ 內 : 안 내

21 ③ 出 : 날 출
① 地 : 땅 지
② 上 : 위 상
④ 木 : 나무 목

22 父母(부모) : 아버지 부, 어머니 모

23 南山(남산) : 남녘 남, 메(뫼) 산

24 ① 百(일백 백) ➡ 白(흰 백)

25 ④ 年 – 총6획

26 外 : 바깥 외
③ 內 : 안 내
① 上 : 위 상
② 左 : 왼 좌
④ 下 : 아래 하

27 火木(화목) : 불 화, 나무 목
➡ 땔감으로 쓸 나무

28 先兄(선형) : 먼저 선, 맏 형
➡ 세상을 떠난 형

29 名犬(명견) : 이름 명, 개 견
➡ 혈통이 좋은 개

30 石火(석화) : 돌 석, 불 화
➡ 돌이 서로 맞부딪치거나 돌과 쇠가 맞부딪칠 때 순간적으로 일어나는 불. 또는 몹시 빠른 것을 비유적으로 이르는 말

31 靑山(청산) : 푸를 청, 메(뫼) 산
➡ 풀과 나무가 무성한 푸른 산

32 四足(사족) : 넉 사, 발 족

33 入手(입수) : 들 입, 손 수

34 玉石(옥석) : 구슬 옥, 돌 석

35 二男(이남) : 두 이, 사내 남

36 目下(목하) : 눈 목, 아래 하

37 先山(선산) : 먼저 **선**, 메(뫼) **산**

38 母女(모녀) : 어머니 **모**, 여자 **녀(여)**

39 水中(수중) : 물 **수**, 가운데 **중**

40 北上(북상) : 북녘 **북**, 위 **상**

41 耳目(이목) : 귀 **이**, 눈 **목**

42 百日(백일) : 일백 **백**, 날 **일**

43 人生(인생) : 사람 **인**, 날 **생**

44 大川(대천) : 큰 **대**, 내 **천**

45 百姓(백성) : 일백 **백**, 성씨 **성**

46 左右(좌우) : 왼 **좌**, 오른쪽 **우**

47 門內(문내) : 문 **문**, 안 **내**
➡ 성과 본이 같은 가까운 집안
④ 門中(문중) : 문 **문**, 가운데 **중**
➡ 성과 본이 같은 가까운 집안
① 中門(중문) : 가운데 **중**, 문 **문**
➡ 가운뎃뜰로 들어가는 대문
② 大門(대문) : 큰 **대**, 문 **문**
➡ 큰 문. 주로, 한 집의 주가 되는 출입문
을 이른다.
③ 門外(문외) : 문 **문**, 바깥 **외**
➡ 문의 바깥쪽

48 年上(연상) : 해 **년(연)**, 위 **상**
➡ 자기보다 나이가 많음. 또는 그런 사람
② 年下(연하) : 해 **년(연)**, 아래 **하**
➡ 나이가 적음. 또는 그런 사람
① 下手(하수) : 아래 **하**, 손 **수**
➡ 남보다 낮은 재주나 솜씨. 또는 그런 솜
씨를 가진 사람
③ 年中(연중) : 해 **년(연)**, 가운데 **중**
➡ 그해의 안. 또는 한 해 동안
④ 上年(상년) : 위 **상**, 해 **년(연)**
➡ 이해의 바로 앞의 해

49 名山大川(명산대천) : 이름 **명**, 메(뫼) **산**,
큰 **대**, 내 **천**
➡ 이름난 산과 큰 내

50 ② 스스로 일어나지 못하고 매번 부모님
의 도움을 받아야 하는 것은 책임감이
부족한 행동이다. 자신의 일은 스스로
해결하려는 태도를 기르는 것이 중요
하다.

정답표

01	02	03	04	05
①	②	④	②	④
06	07	08	09	10
③	③	④	④	①
11	12	13	14	15
①	③	④	②	④
16	17	18	19	20
③	②	④	①	③
21	22	23	24	25
②	②	④	③	③
26	27	28	29	30
④	③	①	②	④
31	32	33	34	35
②	③	②	④	④
36	37	38	39	40
②	③	①	④	④
41	42	43	44	45
③	②	③	④	④
46	47	48	49	50
①	①	②	④	①

01　② 오른 우 : 右
　　③ 북녘 북 : 北
　　④ 날 출 : 出

02　① 달 월 : 月
　　③ 입 구 : 口
　　④ 돌 석 : 石

03　① 먼저 선 : 先
　　② 달 월 : 月
　　③ 사내 남 : 男

04　① 양 양 : 羊
　　③ 일곱 칠 : 七
　　④ 귀 이 : 耳

05　① 흙 토 : 土
　　② 나무 목 : 木
　　③ 쇠 금 : 金

06　① 왼 좌 : 左
　　② 마음 심 : 心
　　④ 아버지 부 : 父

07　① 여자 녀 : 女
　　② 푸를 청 : 靑
　　④ 맏 형 : 兄

08　① 오른 우 : 右
　　② 내 천 : 川
　　③ 여덟 팔 : 八

09　① 열 십 : 十
　　② 일백 백 : 百
　　③ 수풀 림 : 林

10　② 아래 하 : 下
　　③ 위 상 : 上
　　④ 메(뫼) 산 : 山

11　② 生 : 날 생
　　③ 母 : 어머니 모
　　④ 男 : 사내 남

12　① 中 : 가운데 중
　　② 木 : 나무 목
　　④ 羊 : 양 양

13 ① 水 : 물 수
② 天 : 하늘 천
③ 九 : 아홉 구

14 ① 七 : 일곱 칠
③ 內 : 안 내
④ 大 : 큰 대

15 ① 己 : 몸 기
② 父 : 아버지 부
③ 手 : 손 수

16 ① 日 : 날 일
② 百 : 일백 백
④ 千 : 일천 천

17 ① 土 : 흙 토
③ 小 : 작을 소
④ 西 : 서녘 서

18 ① 犬 : 개 견
② 兄 : 맏 형
③ 口 : 입 구

19 ② 四 : 넉 사
③ 火 : 불 화
④ 右 : 오른 우

20 ① 羊 : 양 양
② 耳 : 귀 이
④ 二 : 두 이

21 ② 山 : 메(뫼) 산
① 金 : 쇠 금
③ 林 : 수풀 림
④ 土 : 흙 토

22 男女(남녀) : 사내 남, 여자 녀(여)

23 內外(내외) : 안 내, 바깥 외

24 ③ 木(나무 목) ➡ 林(수풀 림)

25 ③ 東 – 총8획

26 川 : 내 천
④ 江 : 강 강
① 山 : 메(뫼) 산
② 地 : 땅 지
③ 靑 : 푸를 청

27 入口(입구) : 들 입, 입 구
➡ 들어가는 통로

28 玉石(옥석) : 구슬 옥, 돌 석
➡ 옥과 돌이라는 뜻으로, 좋은 것과 나쁜
것을 아울러 이르는 말

29 天地(천지) : 하늘 천, 땅 지
➡ 하늘과 땅을 아울러 이르는 말

30 木手(목수) : 나무 목, 손 수
➡ 나무를 다루어 집을 짓거나 가구, 기구
따위를 만드는 일을 직업으로 하는 사람

31 門外(문외) : 문 문, 바깥 외
➡ 문의 바깥쪽

32 千金(천금) : 일천 천, 쇠 금

33 白玉(백옥) : 흰 백, 구슬 옥

34 三南(삼남) : 석 삼, 남녘 남

35 六月(유월) : 여섯 륙(육), 달 월

36 木馬(목마) : 나무 목, 말 마

37 大小(대소) : 큰 대, 작을 소

38 名目(명목) : 이름 명, 눈 목

39 東土(동토) : 동녘 동, 흙 토

40 二男(이남) : 두 이, 사내 남

41 生水(생수) : 날 생, 물 수

42 父子(부자) : 아버지 부, 아들 자

43 東南(동남) : 동녘 동, 남녘 남

44 天心(천심) : 하늘 천, 마음 심

45 山川,魚(산천어) : 메(뫼) 산, 내 천,
　　　　　　　　　물고기 어

46 四十(사십) : 넉 사, 열 십

47 弟子(제자) : 아우 제, 아들 자
➡ 스승으로부터 가르침을 받거나 받은
　사람
① 門生(문생) : 문 문, 날 생
➡ 문하에서 배우는 제자
② 子弟(자제) : 아들 자, 아우 제
➡ 남을 높여 그의 아들을 이르는 말
③ 門外(문외) : 문 문, 바깥 외
➡ 문의 바깥쪽
④ 門內(문내) : 문 문, 안 내
➡ 성과 본이 같은 가까운 집안

48 出口(출구) : 날 출, 입 구
➡ 밖으로 나갈 수 있는 통로
① 上下(상하) : 위 상, 아래 하
➡ 위와 아래를 아울러 이르는 말
② 入口(입구) : 들 입, 입 구
➡ 들어가는 통로
③ 人口(인구) : 사람 인, 입 구
➡ 일정한 지역에 사는 사람의 수
④ 出入(출입) : 날 출, 들 입
➡ 어느 곳을 드나듦

49 兄弟手足(형제수족) : 맏 형, 아우 제,
　　　　　　　　　　　손 수, 발 족
➡ 형제는 손과 발과 같아서 떼어버릴 수
　없는 관계임

50 ① 독서실은 여러 사람이 함께 공부하는
　공간이므로, 시끄럽게 떠드는 행동은
　다른 사람의 공부를 방해하는 바르지
　않은 행동이다.

성 명 (한글)					객 관 식 답 안 란					
1	① ② ③ ④	14	① ② ③ ④	27	① ② ③ ④	40	① ② ③ ④			
2	① ② ③ ④	15	① ② ③ ④	28	① ② ③ ④	41	① ② ③ ④			
3	① ② ③ ④	16	① ② ③ ④	29	① ② ③ ④	42	① ② ③ ④			
4	① ② ③ ④	17	① ② ③ ④	30	① ② ③ ④	43	① ② ③ ④			
5	① ② ③ ④	18	① ② ③ ④	31	① ② ③ ④	44	① ② ③ ④			
6	① ② ③ ④	19	① ② ③ ④	32	① ② ③ ④	45	① ② ③ ④			
7	① ② ③ ④	20	① ② ③ ④	33	① ② ③ ④	46	① ② ③ ④			
8	① ② ③ ④	21	① ② ③ ④	34	① ② ③ ④	47	① ② ③ ④			
9	① ② ③ ④	22	① ② ③ ④	35	① ② ③ ④	48	① ② ③ ④			
10	① ② ③ ④	23	① ② ③ ④	35	① ② ③ ④	49	① ② ③ ④			
11	① ② ③ ④	24	① ② ③ ④	37	① ② ③ ④	50	① ② ③ ④			
12	① ② ③ ④	25	① ② ③ ④	38	① ② ③ ④					
13	① ② ③ ④	26	① ② ③ ④	39	① ② ③ ④					

※ 주관식 답안란
뒷면에 있습니다.

감 독		정
확 인		부

한자급수자격시험 0 경시대회 답안지[앞면] 0 1

제 □□ 회 0

수험번호

※ 정확하게 기재하고 해당란에 ● 처럼 출할 것.

한자급수시험 한글표기란	한문경시대회 한문표기란

주민번호 뒤6자리 (생년월일)

성별 ※ 예 : 남 ○ 여 ●

※ 참고사항

예 : 2001. 11. 22 ⇒ 01. 11. 22

▶ 합격발표 : 시험 4주후 발표
- 홈페이지 및 ARS(060-700-2130)

▶ 시험시간 및 합격기준

등급	시험시간	합격기준
6급~준3급	14:00~14:40(40분)	70점이상
3급~2급	14:00~15:00(60분)	

▶ 시험준비물을 제외한 모든 물품은 기방에 넣어 지정된 장소에 보관할 것.

※ 주의사항

이 답안지는 한자급수 지격시험 및 전국한문 실력경시대회 겸용입니다.

1. 답안지가 구겨지거나 더럽혀지지 않도록 할 것. 모든 기록은 첫 칸부터 한 자씩 붙여 쓸 것.

2. 답란지의 모든기재 사항은 검정색 볼펜을 사용하여 기재하고 해당란 반드시 한개의 답에만 ● 처럼 출할 것.

3. 수험번호의 (생년월일) 을 정확하게 기재하여 주십시오.

4. 표시기가 있는 란 은 절대 기입하지 말 것.

5. 기재오류로 인한 책임은 모두 응시자 여러분에게 있습니다.

※ 시험종료 후 시험지 답안지를 반드시 재출하십시오.

성명 (한글)

객관식 답안란

1	① ② ③ ④	14	① ② ③ ④	27	① ② ③ ④	40	① ② ③ ④
2	① ② ③ ④	15	① ② ③ ④	28	① ② ③ ④	41	① ② ③ ④
3	① ② ③ ④	16	① ② ③ ④	29	① ② ③ ④	42	① ② ③ ④
4	① ② ③ ④	17	① ② ③ ④	30	① ② ③ ④	43	① ② ③ ④
5	① ② ③ ④	18	① ② ③ ④	31	① ② ③ ④	44	① ② ③ ④
6	① ② ③ ④	19	① ② ③ ④	32	① ② ③ ④	45	① ② ③ ④
7	① ② ③ ④	20	① ② ③ ④	33	① ② ③ ④	46	① ② ③ ④
8	① ② ③ ④	21	① ② ③ ④	34	① ② ③ ④	47	① ② ③ ④
9	① ② ③ ④	22	① ② ③ ④	35	① ② ③ ④	48	① ② ③ ④
10	① ② ③ ④	23	① ② ③ ④	35	① ② ③ ④	49	① ② ③ ④
11	① ② ③ ④	24	① ② ③ ④	37	① ② ③ ④	50	① ② ③ ④
12	① ② ③ ④	25	① ② ③ ④	38	① ② ③ ④	
13	① ② ③ ④	26	① ② ③ ④	39	① ② ③ ④	

※ 주관식 답안란은 뒷면에 있습니다.

※ 모든 기록은 □○인의 기록은 첫 칸부터 한 자씩 붙여 쓰시오.

감독 확인 : 정 / 부

제 □□ 회 □0 한자급수자격시험 경시대회 답안지[앞면]

[제0~4급 서식]

생년월일 대한민국한자교육연구회 / 한국검정회

대한검정회
한자교육연구회 KTA Korea Test Association

수험번호

※ 정확하게 기재하고 해당란에 ● 처럼 칠할 것.

6	A						
준5	B						
5	C						
4	D						
준3	E						
3	F						
준2	G						
2							

한자급수시험 한문경시대회 응답표기란

주민번호 앞6자리 (생년월일)

성별	※ 예 : 2001. 11. 22 ⇒ 01 11 22
남 □	
여 □	

참고사항

시험준비물 : 검정색 볼펜을 제외한 모든 물품은 가방에 넣어 지정된 장소에 보관할 것.

시험시간 및 합격기준		
등급	시험시간	합격기준
6급~준3급	14:00~14:40(40분)	70점이상
3급~2급	14:00~15:00(60분)	

합격자발표 : 시험 4주후 발표
-홈페이지 및 ARS(060-700-2130)

자격증 교부방법
-방문접수자는 접수처에서 교부
-인터넷접수자는 개별발송

※시험종료 후 시험지 및 답안지를 반드시 제출하십시오.

※ 주의사항

이 답안지는 한자급수자격시험 및 전국한문경시대회 검용입니다.

1. 답안지가 구겨지거나 더럽혀지지 않도록 할 것. 모든 기록은 첫칸부터 한 자씩 써야 할 것.

2. 답안지의 모든기재 및 표기사항은 검정색 볼펜을 사용하여 기재하고 해당란에 한개의 답에만 ● 처럼 칠할 것.

3. 수험번호의 생년월일을 정확하게 기재하여 주십시오.

4. ※ 표시가 있는 란은 절대 기입하지 말 것.

5. 기재오류로 인한 책임은 모두 응시자 여러분에게 있습니다.

성명 (한글)

객관식 답안란

번호						번호						번호						번호					
1	①	②	③	④		14	①	②	③	④		27						40	①	②	③	④
2	①	②	③	④		15	①	②	③	④		28	①	②	③	④		41	①	②	③	④
3	①	②	③	④		16	①	②	③	④		29	①	②	③	④		42	①	②	③	④
4	①	②	③	④		17	①	②	③	④		30	①	②	③	④		43	①	②	③	④
5	①	②	③	④		18	①	②	③	④		31	①	②	③	④		44	①	②	③	④
6	①	②	③	④		19	①	②	③	④		32	①	②	③	④		45	①	②	③	④
7	①	②	③	④		20	①	②	③	④		33	①	②	③	④		46	①	②	③	④
8	①	②	③	④		21	①	②	③	④		34	①	②	③	④		47	①	②	③	④
9	①	②	③	④		22	①	②	③	④		35	①	②	③	④		48	①	②	③	④
10	①	②	③	④		23	①	②	③	④		35	①	②	③	④		49	①	②	③	④
11	①	②	③	④		24	①	②	③	④		37	①	②	③	④		50	①	②	③	④
12	①	②	③	④		25	①	②	③	④		38	①	②	③	④						
13	①	②	③	④		26	①	②	③	④		39	①	②	③	④						

※ 모든 ①안은 기록은 첫 칸부터 한 자씩 틀어 쓰시오.

※ 주관식 답안란은 뒷면에 있습니다.

감독		
감독확인	점	
		부

[제0-4호 서식]

제 □□ 회 0 한자급수자격시험 0 경시대회 답안지[앞면] 0 1

사단법인 대한민국한자교육연구회 / (대한검정회)
Korea Test Bassedition

수험번호	주민번호 앞6자리 (생년월일)	성별

※ 정확하게 기재하고 해당란에 ●처럼 칠할 것.

한자급수자격시험/한문경시대회 등급표기란
실력경시대회 부분 표기란

6 / 준5 / 5 / 준4 / 4 / 준3 / 3 / 준2 / 2

A B C D E F G

※ 예 : 2001. 11. 22 ~ 01 11 22

성별 ※ 예 : 남 / 여

참고사항

▶시험준비물을 제외한 모든 물품은 기방에 넣어 지정된 장소에 보관할 것.

▶시험시간 및 합격기준

등급	시험시간	합격기준
3급~2급	14:00~15:00(60분)	70점이상
6급~준3급	14:00~14:40(40분)	

▶합격자발표 : 시험 4주후 발표
- 홈페이지 및 ARS(060-700-2130).
※ 자격증 교부방법
- 방문접수자는 접수처에서 교부
- 인터넷접수자는 개별발송

5. 기재오류로 인한 책임은 모두 응시자 여러분에게 있습니다.
※ 시험종료 후 시험지 및 답안지를 만드시 제출하십시오.

[제0-4호 서식] 한자급수자격시험 0 경시대회 답안지[앞면] 0 1

사단법인 대한민국한자교육연구회 / (대한검정회)

성명 (한글)					

※ 주의사항

이 답안지는 한자급수자격시험 및 전국한문실력경시대회 겸용입니다.

1. 답안지는 구겨지거나 더럽히지 않도록 할 것. 모든 기로는 첫칸부터 한자씩 붙여 쓸 것.

2. 답안지의 모든기재 사항은 검정색 볼펜을 사용하여 기재하고 해당 답란에 한개의 답에만 ●처럼 칠할 것.

※ 객관식 답안란

※ 모든 기로는 □인의 첫칸부터 한자씩 붙여 쓰시오.

성명 (한글)		

1	14	27	40	
2	15	28	41	
3	16	29	42	
4	17	30	43	
5	18	31	44	
6	19	32	45	
7	20	33	46	
8	21	34	47	
9	22	35	48	
10	23	35	49	
11	24	37	50	
12	25	38		
13	26	39		

※ 주관식 답안란은 뒷면에 있습니다.

※ 주관식 답안란은 뒷면에 있습니다.

감독 확인

정 부

수험번호

※ 정확하게 기재하고 해당란에 ● 처럼 칠할 것.

—

0	0	0	0	0	0	0
①	①	①	①	①	①	①
②	②	②	②	②	②	②
③	③	③	③	③	③	③
④	④	④	④	④	④	④
⑤	⑤	⑤	⑤	⑤	⑤	⑤
⑥	⑥	⑥	⑥	⑥	⑥	⑥
⑦	⑦	⑦	⑦	⑦	⑦	⑦
⑧	⑧	⑧	⑧	⑧	⑧	⑧
⑨	⑨	⑨	⑨	⑨	⑨	⑨

한자급수자격시험 응시급수 표기란 / 한자경시대회 응시부문 표기란

준5	6	A
5		B
준4		C
4		D
준3		E
3		F
준2		G
2		

주민번호 뒤6자리 (생년월일)

0	0	0	0	0	0
①	①	①	①	①	①
②	②	②	②	②	②
③	③	③	③	③	③
④	④	④	④	④	④
⑤	⑤	⑤	⑤	⑤	⑤
⑥	⑥	⑥	⑥	⑥	⑥
⑦	⑦	⑦	⑦	⑦	⑦
⑧	⑧	⑧	⑧	⑧	⑧
⑨	⑨	⑨	⑨	⑨	⑨

성별

※ 예 : 2001. 11. 22 ⇨ 01 11 22

남 ○ 여 ○

※ 참고사항

▶시험준비물을 제외한 모든 물품은 가방에 넣어 지정된 장소에 보관할 것.

▶시험시간 및 합격기준

급별	시험시간	합격기준
3급~2급	14:00~15:00(60분)	70점이상
6급~준3급	14:00~14:40(40분)	
등급		

▶합격발표 : 시험 4주후 발표
-홈페이지 및 ARS(060-700-2130).

▶자격증 교부방법
-방문접수자는 접수처에서 교부
-인터넷접수자는 개별발송

-자격증은 반드시 본인이 받으시고 및 답안지를 받으시고 제출하십시오.

※ 주 의 사 항

이 답안지는 한자급수자격시험 및 전국한문실력경시대회 겸용의 답안지입니다.

1. 답안지가 구겨지거나 더럽혀지지 않도록 할 것. 모든 □안의 기록은 첫칸부터 한 자씩 쓸 것.

2. 답안지의 모든기재 사항은 컴퓨터용 사인펜으로 진하게 기재하고 해당 란안에 한개의 답만이 ● 처럼 칠할 것.

3. 수험번호와 생년월일 답란은 정확하게 기재하여 주십시오.

4. 표시가 있는 란은 절대 기입하지 말 것.

5. 기재오류로 인한 책임은 모두 응시자 본인에게 있습니다.

객 관 식 답 안 란

※ 성명 (한글)				

1	① ② ③ ④	14	① ② ③ ④	27	① ② ③ ④	40	① ② ③ ④
2	① ② ③ ④	15	① ② ③ ④	28	① ② ③ ④	41	① ② ③ ④
3	① ② ③ ④	16	① ② ③ ④	29	① ② ③ ④	42	① ② ③ ④
4	① ② ③ ④	17	① ② ③ ④	30	① ② ③ ④	43	① ② ③ ④
5	① ② ③ ④	18	① ② ③ ④	31	① ② ③ ④	44	① ② ③ ④
6	① ② ③ ④	19	① ② ③ ④	32	① ② ③ ④	45	① ② ③ ④
7	① ② ③ ④	20	① ② ③ ④	33	① ② ③ ④	46	① ② ③ ④
8	① ② ③ ④	21	① ② ③ ④	34	① ② ③ ④	47	① ② ③ ④
9	① ② ③ ④	22	① ② ③ ④	35	① ② ③ ④	48	① ② ③ ④
10	① ② ③ ④	23	① ② ③ ④	35	① ② ③ ④	49	① ② ③ ④
11	① ② ③ ④	24	① ② ③ ④	37	① ② ③ ④	50	① ② ③ ④
12	① ② ③ ④	25	① ② ③ ④	38	① ② ③ ④		
13	① ② ③ ④	26	① ② ③ ④	39	① ② ③ ④		

※ 주관식 답안란은 뒷면에 있습니다.

감 독 인		전
가	부	
합		

※ 모든 □안의 기록은 첫 칸부터 한 자씩 쓸 것.

객관식 답안란

성명 (한글)						
1	①②③④	14	①②③④	27	①②③④	40 ①②③④
2	①②③④	15	①②③④	28	①②③④	41 ①②③④
3	①②③④	16	①②③④	29	①②③④	42 ①②③④
4	①②③④	17	①②③④	30	①②③④	43 ①②③④
5	①②③④	18	①②③④	31	①②③④	44 ①②③④
6	①②③④	19	①②③④	32	①②③④	45 ①②③④
7	①②③④	20	①②③④	33	①②③④	46 ①②③④
8	①②③④	21	①②③④	34	①②③④	47 ①②③④
9	①②③④	22	①②③④	35	①②③④	48 ①②③④
10	①②③④	23	①②③④	35	①②③④	49 ①②③④
11	①②③④	24	①②③④	37	①②③④	50 ①②③④
12	①②③④	25	①②③④	38	①②③④	
13	①②③④	26	①②③④	39	①②③④	

※ 모든 □안의 기록은 첫 칸부터 한 자씩 붙여 쓰시오.

※ 주관식 답안란은 뒷면에 있습니다.

감독 확인	정	부

※ 주 의 사 항

성명 (한글)				

객 관 식 답 안 란

성명	1	2	3	4	
1	①	②	③	④	
2	①	②	③	④	
3	①	②	③	④	
4	①	②	③	④	
5	①	②	③	④	
6	①	②	③	④	
7	①	②	③	④	
8	①	②	③	④	
9	①	②	③	④	
10	①	②	③	④	
11	①	②	③	④	
12	①	②	③	④	
13	①	②	③	④	
14	①	②	③	④	
15	①	②	③	④	
16	①	②	③	④	
17	①	②	③	④	
18	①	②	③	④	
19	①	②	③	④	
20	①	②	③	④	
21	①	②	③	④	
22	①	②	③	④	
23	①	②	③	④	
24	①	②	③	④	
25	①	②	③	④	
26	①	②	③	④	
27	①	②	③	④	
28	①	②	③	④	
29	①	②	③	④	
30	①	②	③	④	
31	①	②	③	④	
32	①	②	③	④	
33	①	②	③	④	
34	①	②	③	④	
35	①	②	③	④	
37	①	②	③	④	
38	①	②	③	④	
39	①	②	③	④	
40	①	②	③	④	
41	①	②	③	④	
42	①	②	③	④	
43	①	②	③	④	
44	①	②	③	④	
45	①	②	③	④	
46	①	②	③	④	
47	①	②	③	④	
48	①	②	③	④	
49	①	②	③	④	
50	①	②	③	④	

※ 주관식 답안란은
뒷면에 있습니다.

감독위원

감독	정	부
확인		

한자급수자격시험 ○ 경시대회 답안지[앞면]0ㅣ

[제0-4술 서식]

대한민국한자교육연구회 / 대한검정회
Korea Test Association KTA

제 □□ 회 0

※ 모든 □안의 기록은
첫 칸부터 한 자씩
들어 쓰시오.

수험번호

※ 정확하게 기재하고 해당란에 ● 처럼 칠할 것.

수 험 번 호

한자급수시험 한문경시대회
답표 기란 답표 기란

6 5 4 3 2 준5 준4 준3 준2
A B C D E F G

주민번호 앞6자리 (생년월일)

성 별
예 : 2001. 11. 22 ⇒ 01. 11. 22
남 여
성별

참고사항

▼ 시험준비물을 재인한 모든
물품은 기방에 넣어 지정된
장소에 보관할 것.

▼ 시험시간 및 합격기준

등급	시험시간	합격기준
3급~2급	14:00~15:00(60분)	70점이상
6급~준3급	14:00~14:40(40분)	

※ 합격자발표 : 시험 4주후 발표
- 홈페이지 및 ARS(060-700-2130)

▼ 지격증 교부방법
- 발문접수자는 접수처에서 교부
- 인터넷접수자는 개별발송

주의사항

이 답안지는 한자급수
지격시험 및 전국한문
실력경시대회 겸용입
니다.

1. 답안지가 구겨지거나
나 더럽혀지지 않도록
할 것. 모든 기록 및
기록은 첫칸부터 한
자씩 들어 쓸 것.

2. 답안지의 모든기재
사항은 검정색 볼펜을
사용하여 기재하고
해당 답안칸에 ● 처럼 칠할
것.

3. 수험번호의 (생년월일)
을 정확하게 기재하여
주십시오.

4. ※ 표시가 있는 란
은 절대 기입하지 말
것.

5. 기재오류로 인한
책임은 모두 응시자
여러분에게 있습니다.

※ 시험종료 후 시험지
및 답안지를 반드시
제출하십시오.

성명 (한글)

객관식 답안란

1	① ② ③ ④	14	① ② ③ ④	27	① ② ③ ④	40	① ② ③ ④
2	① ② ③ ④	15	① ② ③ ④	28	① ② ③ ④	41	① ② ③ ④
3	① ② ③ ④	16	① ② ③ ④	29	① ② ③ ④	42	① ② ③ ④
4	① ② ③ ④	17	① ② ③ ④	30	① ② ③ ④	43	① ② ③ ④
5	① ② ③ ④	18	① ② ③ ④	31	① ② ③ ④	44	① ② ③ ④
6	① ② ③ ④	19	① ② ③ ④	32	① ② ③ ④	45	① ② ③ ④
7	① ② ③ ④	20	① ② ③ ④	33	① ② ③ ④	46	① ② ③ ④
8	① ② ③ ④	21	① ② ③ ④	34	① ② ③ ④	47	① ② ③ ④
9	① ② ③ ④	22	① ② ③ ④	35	① ② ③ ④	48	① ② ③ ④
10	① ② ③ ④	23	① ② ③ ④	35	① ② ③ ④	49	① ② ③ ④
11	① ② ③ ④	24	① ② ③ ④	37	① ② ③ ④	50	① ② ③ ④
12	① ② ③ ④	25	① ② ③ ④	38	① ② ③ ④		
13	① ② ③ ④	26	① ② ③ ④	39	① ② ③ ④		

※ 주관식 답안란은
뒷면에 있습니다.

감독
위원
확인

감독
위원
인

정
부

[제0~4회 서식]

한자급수자격시험 경시대회 답안지[앞면] 0 1

사단법인 대한민국한자교육연구회 / 대한검정회
KTA Korea Test Association

제 □□ 회 0 급

성 명 (한글)

수험번호

※ 정확하게 기재하고 해당란에 ● 처럼 칠할 것.

한자급수시험 한문경시대회 응급표기란 부분표기란

| 수험 번호 | 급 부 |

6 A
존5 B
5 C
4 D
존3 E
3 F
존2 G
2

주민번호 앞6자리 (생년월일)

성 별 남 여

※ 예 : 2001. 11. 22 ⇒ 01.11.22

※ 참고사항

시험준비물을 제외한 모든 물품은 가방에 넣어 지정된 장소에 보관할 것.

▶시험시간 및 합격기준

	시험시간	현직표
6급~존3급	14:00~14:40(40분)	
3급~2급	14:00~15:00(60분)	70점이상

▶합격자발표 : 시험 4주후 발표
- 홈페이지 및 ARS(060-700-2130)

▶자격증 교부방법
- 방문접수자는 접수처에서 교부
- 인터넷접수자는 개별발송

※ 주의사항

이 답안지는 한자급수 자격시험 및 전국한문 실력경시대회 겸용입니다.

1. 답안지가 구겨지지 않도록 하며, 모든 ● 안의 기록은 □안의 란에 자세히 쓸것, 첫칸부터 한 자씩 붙여 쓸 것.

2. 답안지의 모든기재 사항은 검정색 볼펜을 사용하여 기재하고 해당 답안 번호에 한개의 답에만 ● 처럼 칠할 것.

3. 수험번호와 성명(생년월일)을 정확하게 기재하여 주십시오.

4. ※ 표기가 있는 란은 절대 기입하지 말 것.

5. 기재오류로 인한 책임은 모두 응시자 여러분에게 있습니다.

※ 시험종료 후 시험지 및 답안지를 반드시 재출하십시오.

객관식 답안란

성명 (한글)				
1	① ② ③ ④	14	① ② ③ ④	27 ① ② ③ ④	40 ① ② ③ ④
2	① ② ③ ④	15	① ② ③ ④	28 ① ② ③ ④	41 ① ② ③ ④
3	① ② ③ ④	16	① ② ③ ④	29 ① ② ③ ④	42 ① ② ③ ④
4	① ② ③ ④	17	① ② ③ ④	30 ① ② ③ ④	43 ① ② ③ ④
5	① ② ③ ④	18	① ② ③ ④	31 ① ② ③ ④	44 ① ② ③ ④
6	① ② ③ ④	19	① ② ③ ④	32 ① ② ③ ④	45 ① ② ③ ④
7	① ② ③ ④	20	① ② ③ ④	33 ① ② ③ ④	46 ① ② ③ ④
8	① ② ③ ④	21	① ② ③ ④	34 ① ② ③ ④	47 ① ② ③ ④
9	① ② ③ ④	22	① ② ③ ④	35 ① ② ③ ④	48 ① ② ③ ④
10	① ② ③ ④	23	① ② ③ ④	35 ① ② ③ ④	49 ① ② ③ ④
11	① ② ③ ④	24	① ② ③ ④	37 ① ② ③ ④	50 ① ② ③ ④
12	① ② ③ ④	25	① ② ③ ④	38 ① ② ③ ④	
13	① ② ③ ④	26	① ② ③ ④	39 ① ② ③ ④	

※ 모든 답안은 □안의 □안에 기록은 첫 칸부터 한 자씩 들어 쓰시오.

※ 주관식 답안란은 뒷면에 있습니다.

감 독 확 인
정 부

수험번호

| | 준5 | 6 | | | | 준4 | 5 | | | | 준3 | 4 | | 준2 | 3 | | 2 |

※ 정확하게 기재하고 해당란에 ●처럼 출할 것.

주민번호 뒤6자리 (생년월일)

| A | B | C | D | E | F | G |

성별
※ 예 : 2001. 11. 22 ⇨ 01 11 22

남 여
성별

※ 참고사항

▶시험준비물을 제외한 모든 물품은 가방에 넣어 지정된 장소에 보관할 것.

▶시험시간 및 합격기준

등급	시험시간	합격기준
3급~2급	14:00~15:00(60분)	70점이상
6급~준3급	14:00~14:40(40분)	
7급		

▶합격발표 : 시험 4주후 발표
- 홈페이지 및 ARS(060-700-2130)

※ 자격증 교부방법
- 방문접수자는 접수처에서 교부
- 인터넷접수자는 개별발송

※ 주의사항

이 답안지는 한자급수
자격시험 및 전국한문
실력경시대회 겸용입니다.

1. 답안지가 구겨지거나
더 더럽혀지지 않도록
할 것. 모든 □이0
기호로 첫칸부터 한
자씩 붙여 쓸 것.

2. 답안지의 모든기재
사항은 2가지색 볼펜을
사용하여 기재하되고
해당란에 ●처럼 한개의
답에만 ●처럼 출할
것.

3. 수험번호의 생년월일
을 정확하게 기재하여
주십시오.

4. ※ 표시가 있는 란
은 절대 기입하지 말
것.

5. 기재오류로 인한
책임은 모두 응시자
에게 있습니다.

※ 시험종료 후 시험지
및 답안지를 받으시
오.
기재하십시오.

문번	답		문번	답		문번	답		문번	답	
1	①②③④	14	①②③④	27	①②③④	40	①②③④
2	①②③④	15	①②③④	28	①②③④	41	①②③④
3	①②③④	16	①②③④	29	①②③④	42	①②③④
4	①②③④	17	①②③④	30	①②③④	43	①②③④
5	①②③④	18	①②③④	31	①②③④	44	①②③④
6	①②③④	19	①②③④	32	①②③④	45	①②③④
7	①②③④	20	①②③④	33	①②③④	46	①②③④
8	①②③④	21	①②③④	34	①②③④	47	①②③④
9	①②③④	22	①②③④	35	①②③④	48	①②③④
10	①②③④	23	①②③④	35	①②③④	49	①②③④
11	①②③④	24	①②③④	37	①②③④	50	①②③④
12	①②③④	25	①②③④	38	①②③④	
13	①②③④	26	①②③④	39	①②③④	

감독	전
확인	후

수험번호

※ 정확하게 기재하고 해당란에 ● 처럼 칠할 것.

수험번호								—				
⑥	⑥											
준5 ○												
5 ○												
준4 ○												
4 ○												
준3 ○												
3 ○												
준2 ○												
2 ○												

급수표기란 한자급수시험
결시자표기란 한문경시대회

A ○ B ○ C ○ D ○ E ○ F ○ G ○

주민번호 뒷6자리 (성년월일)

① ② ③ ④ ⑤ ⑥ ⑦ ⑧ ⑨ ⓪

성별

※ 예 : 2001. 11. 22 ⇒ 01 11 22

성별 남 ○ 여 ○

성 명 (한글)

객 관 식 답 안 란

1	① ② ③ ④	14		27	① ② ③ ④	40	① ② ③ ④
2	① ② ③ ④	15		28	① ② ③ ④	41	① ② ③ ④
3	① ② ③ ④	16		29	① ② ③ ④	42	① ② ③ ④
4	① ② ③ ④	17		30	① ② ③ ④	43	① ② ③ ④
5	① ② ③ ④	18		31	① ② ③ ④	44	① ② ③ ④
6	① ② ③ ④	19		32	① ② ③ ④	45	① ② ③ ④
7	① ② ③ ④	20		33	① ② ③ ④	46	① ② ③ ④
8	① ② ③ ④	21		34	① ② ③ ④	47	① ② ③ ④
9	① ② ③ ④	22		35	① ② ③ ④	48	① ② ③ ④
10	① ② ③ ④	23		35	① ② ③ ④	49	① ② ③ ④
11	① ② ③ ④	24		37	① ② ③ ④	50	① ② ③ ④
12	① ② ③ ④	25		38	① ② ③ ④		
13	① ② ③ ④	26		39	① ② ③ ④		

※ 주관식 답안란은 뒷면에 있습니다.

감독		
감 독 인	정	부

한자급수자격시험 · 경시대회 답안지[앞면]01

[제 0~4급 서식]

제 □□ 회 0 한자급수자격시험 0 경시대회 답안지[앞면]01

사단법인 대한민국한자교육연구회 / 한국한자한문능력개발원

성명 대한검정회 KTA Korea Test Association

수험번호

※ 정확하게 기재하고 해당란에 ● 처럼 칠할 것.

※ 청확하게 기재하고 해당란에 ● 처럼 칠할 것.

주민번호 앞6자리 (생년월일)

성별 ※ 여 : 2001. 11. 22 → 01 11 22

※ 참고사항

- ▶시험준비물을 제외한 모든 물품은 가방에 넣어 지정된 장소에 보관할 것.
- ▶시험시간 및 합격기준

급수	시험시간	합격기준
6급~8급	14:00~14:40(40분)	70점이상
3급~2급	14:00~15:00(60분)	

- ▶합격자발표 : 시험 4주후 발표
  - 홈페이지 및 ARS(060-700-2130)
- ▶자격증 교부방법
  - 방문접수자는 접수처에서 교부
  - 인터넷접수자는 개별발송
- ※시험종료 후 시험지 및 답안지를 반드시 제출하십시오.

※ 주 의 사 항

이 답안지는 한자급수자격시험 및 전국한문실력경시대회 겸용입니다.

1. 답안지가 구겨지거나 더럽혀지지 않도록 할 것. 모든 기록은 컴퓨터용 싸인펜을 사용하여 기재하고 해당란에만 ● 처럼 칠할 것.

2. 답란지의 모든기재 및 표기사항은 검정색 볼펜 으로 기록한 후 첫칸부터 한자씩 붙여 쓸 것.

3. 수험번호의 해당란을 정확하게 기재하여 주십시오.

4. 표기가 있는 란은 절대 기재하지 말 것.

5. 기재오류로 인한 책임은 모두 응시자 여러분에게 있습니다.

성 명 (한글)

객관식 답안란

1	① ② ③ ④	14	① ② ③ ④	27	① ② ③ ④	40	① ② ③ ④
2	① ② ③ ④	15	① ② ③ ④	28	① ② ③ ④	41	① ② ③ ④
3	① ② ③ ④	16	① ② ③ ④	29	① ② ③ ④	42	① ② ③ ④
4	① ② ③ ④	17	① ② ③ ④	30	① ② ③ ④	43	① ② ③ ④
5	① ② ③ ④	18	① ② ③ ④	31	① ② ③ ④	44	① ② ③ ④
6	① ② ③ ④	19	① ② ③ ④	32	① ② ③ ④	45	① ② ③ ④
7	① ② ③ ④	20	① ② ③ ④	33	① ② ③ ④	46	① ② ③ ④
8	① ② ③ ④	21	① ② ③ ④	34	① ② ③ ④	47	① ② ③ ④
9	① ② ③ ④	22	① ② ③ ④	35	① ② ③ ④	48	① ② ③ ④
10	① ② ③ ④	23	① ② ③ ④	35	① ② ③ ④	49	① ② ③ ④
11	① ② ③ ④	24	① ② ③ ④	37	① ② ③ ④	50	① ② ③ ④
12	① ② ③ ④	25	① ② ③ ④	38	① ② ③ ④		
13	① ② ③ ④	26	① ② ③ ④	39	① ② ③ ④		

※ 주관식 답안란은 뒷면에 있습니다.

감독	확인	인
점수	부	

제 □□ 회 □ 한자급수자격시험 □ 경시대회 답안지[앞면] 0 1

[제 0 - 4급 서식]

사단
법인 대한민국한자교육연구회 / 대한검정회
Korea Test Association KTA

※ 모든 표기는 컴퓨터용 사인펜으로 정확하게 기재하고 해당란에 ● 처럼 출할 것.

주민번호 왼6자리 (생년월일)

성별 ※ 예 : 2001. 11. 22 ⇨ 01. 11. 22
남 / 여

수험번호

한자급수시험 한문경시대회 응답표 기입 응답표 기입

A B C D E F G

준2 준3 준4 준5 6

2 3 4 5

※ 참고사항

▼ 시험준비물을 재외한 모든 물품은 가방에 넣어 지정된 장소에 보관할 것.

▼ 시험시간 및 합격기준

등급	시험시간	합격기준
6급~준3급	14:00~14:40(40분)	70점이상
3급~2급	14:00~15:00(60분)	

▼ 합격자발표 : 시험 4주후 발표
-홈페이지 및 ARS(060-700-2130)

▼ 지격증 교부방법
-방문접수자는 접수진에서 교부
-인터넷접수자는 개별발송

성명 (한글)

※ 주 의 사 항

이 답안지는 한자급수 자격시험 및 한문경시대회 겸용의 전국공통 실력경시대회 답안지 입니다.

1. 답안지가 구겨지거나 더럽혀지지 않도록 할 것. 모든 기록은 컴퓨터용 한 자세로 칠할 것.

2. 답안지의 모든기재 사항은 검정색 볼펜 사용하여 기재하고 해당 란에만 ● 처럼 출할 것.

3. 수험번호의 생년월일 을 정확하게 기재하여 주십시오.

4.※ 표기가 있는 란 은 절대 기입하지 말 것.

5. 기재오류로 인한 책임은 모두 응시자 여러분에게 있습니다.

※ 시험종료 후 시험지 및 답안지를 반드시 제출하십시오.

성명 (한글)

객 관 식 답 안 란

1	① ② ③ ④	14	① ② ③ ④	27	① ② ③ ④	40	① ② ③ ④
2	① ② ③ ④	15	① ② ③ ④	28	① ② ③ ④	41	① ② ③ ④
3	① ② ③ ④	16	① ② ③ ④	29	① ② ③ ④	42	① ② ③ ④
4	① ② ③ ④	17	① ② ③ ④	30	① ② ③ ④	43	① ② ③ ④
5	① ② ③ ④	18	① ② ③ ④	31	① ② ③ ④	44	① ② ③ ④
6	① ② ③ ④	19	① ② ③ ④	32	① ② ③ ④	45	① ② ③ ④
7	① ② ③ ④	20	① ② ③ ④	33	① ② ③ ④	46	① ② ③ ④
8	① ② ③ ④	21	① ② ③ ④	34	① ② ③ ④	47	① ② ③ ④
9	① ② ③ ④	22	① ② ③ ④	35	① ② ③ ④	48	① ② ③ ④
10	① ② ③ ④	23	① ② ③ ④	35	① ② ③ ④	49	① ② ③ ④
11	① ② ③ ④	24	① ② ③ ④	37	① ② ③ ④	50	① ② ③ ④
12	① ② ③ ④	25	① ② ③ ④	38	① ② ③ ④	
13	① ② ③ ④	26	① ② ③ ④	39	① ② ③ ④	※ 주관식 답안란은 뒷면에 있습니다.

※ 모든 □안의 기록은 첫 칸부터 한 자세 틀어 쓰시오.

감독관 확인
정 부

[제0~4급 서식] 한자급수자격시험 경시대회 답안지[앞면]0 |

제 □□ 회 한자급수자격시험 경시대회 답안지[앞면]0 |

대한민국한자교육연구회 / 대한검정회
Korea Test Association KTA

성명
(한글)

※ 주 의 사 항

이 답안지는 한자급수
자격시험 및 전국한문
실력경시대회용입니다.

1. 답안지가 구겨지거나
나 더럽혀지지 않도록
할 것. 모든 □안의
기록은 첫 칸부터 한
자씩 붙여 쓸 것.

2. 답란지의 모든기재
사항은 검정색 볼펜을
사용하여 기재하고
해당란 반드시 한개의
답에만 ●처럼 칠할
것.

3. 수험번호의 생년월일
을 정확하게 기재하여
주십시오.

4. 표기가 있는 란
은 절대 기입하지 말
것.

5. 기재오류로 인한
책임은 모두 응시자
에게 있습니다.

객 관 식 답 안 란

번호	1	2	3	4		번호	1	2	3	4		번호	1	2	3	4		번호	1	2	3	4
1	①	②	③	④		14	①	②	③	④		27	①	②	③	④		40	①	②	③	④
2	①	②	③	④		15	①	②	③	④		28	①	②	③	④		41	①	②	③	④
3	①	②	③	④		16	①	②	③	④		29	①	②	③	④		42	①	②	③	④
4	①	②	③	④		17	①	②	③	④		30	①	②	③	④		43	①	②	③	④
5	①	②	③	④		18	①	②	③	④		31	①	②	③	④		44	①	②	③	④
6	①	②	③	④		19	①	②	③	④		32	①	②	③	④		45	①	②	③	④
7	①	②	③	④		20	①	②	③	④		33	①	②	③	④		46	①	②	③	④
8	①	②	③	④		21	①	②	③	④		34	①	②	③	④		47	①	②	③	④
9	①	②	③	④		22	①	②	③	④		35	①	②	③	④		48	①	②	③	④
10	①	②	③	④		23	①	②	③	④		36	①	②	③	④		49	①	②	③	④
11	①	②	③	④		24	①	②	③	④		37	①	②	③	④		50	①	②	③	④
12	①	②	③	④		25	①	②	③	④		38	①	②	③	④						
13	①	②	③	④		26	①	②	③	④		39	①	②	③	④						

감독
확인
전 부

수 험 번 호

※ 정확하게 기재하고 해당란에 ●처럼 칠할 것

6		A								
준5		B								
5		C								
4		D								
준3		E								
3		F								
준2		G								
2										

한자급수시험
응시급수기입
경시대회
응시부문기입

주민번호 뒤6자리
(생년월일)

성 별
※ 여: ○ 남: ○
여 남
○ ○

한자급수자격시험 · 경시대회 답안지[앞면]

[제 0~4급 서식]

사단법인 대한민국한자교육연구회 / 한국검정회

Korea Test Association

제 □□ 회 0 급

수험번호

※ 정확하게 기재하고 해당란에 ● 처럼 칠할 것.

주민번호 앞6자리 (생년월일)

한자급수시험 정확하게
응답표기란 부분표기란
한문경시대회
응답표기란 부분표기란

성별

※ (예 : 2001. 11. 22 ⇒ 01. 11. 22)

남 ○ 여 ○

※ 참고사항

시험준비물을 제외한 모든 물품은 가방에 넣어 지정된 장소에 보관할 것.

시험시간 및 합격기준

등급	시험시간	합격기준
6급~준3급	14:00~14:40(40분)	70점이상
3급~2급	14:00~15:00(60분)	70점이상

합격자발표 : 시험 4주후 발표
- 홈페이지 및 ARS(060-700-2130)
- 방문접수자는 접수처에서 교부

지점중 교부방법
- 방문접수자는 접수처에서 교부
- 인터넷접수자는 개별발송

※ 주의사항

이 답안지는 한자급수자격시험 및 전국한문경시대회 실력평가시대회 겸용입니다.

1. 답안지가 구겨지거나 더럽혀지지 않도록 할 것. 모든 기록은 첫칸부터 한 자씩 붙여 쓸 것.

2. 답안지의 모든기재 사항은 검정색 볼펜을 사용하여 기재하고 해당번호에 한개의 답에만 ● 처럼 칠할 것.

3. 수험번호의 숫자를 정확하게 기재하여 주십시오.

4. ※표시가 있는 란은 절대 기재하지 말 것.

5. 기재오류로 인한 책임은 모두 응시자 여러분에게 있습니다.

※시험종료 후 시험지 및 답안지를 반드시 제출하십시오.

※ 주의사항

모든 □안의 기록은 첫칸부터 한 자씩 붙여 쓰시오.

성명 (한글) □□□□

객관식 답안란

1 ① ② ③ ④	14 ① ② ③ ④	27 ① ② ③ ④	40 ① ② ③ ④
2 ① ② ③ ④	15 ① ② ③ ④	28 ① ② ③ ④	41 ① ② ③ ④
3 ① ② ③ ④	16 ① ② ③ ④	29 ① ② ③ ④	42 ① ② ③ ④
4 ① ② ③ ④	17 ① ② ③ ④	30 ① ② ③ ④	43 ① ② ③ ④
5 ① ② ③ ④	18 ① ② ③ ④	31 ① ② ③ ④	44 ① ② ③ ④
6 ① ② ③ ④	19 ① ② ③ ④	32 ① ② ③ ④	45 ① ② ③ ④
7 ① ② ③ ④	20 ① ② ③ ④	33 ① ② ③ ④	46 ① ② ③ ④
8 ① ② ③ ④	21 ① ② ③ ④	34 ① ② ③ ④	47 ① ② ③ ④
9 ① ② ③ ④	22 ① ② ③ ④	35 ① ② ③ ④	48 ① ② ③ ④
10 ① ② ③ ④	23 ① ② ③ ④	35 ① ② ③ ④	49 ① ② ③ ④
11 ① ② ③ ④	24 ① ② ③ ④	37 ① ② ③ ④	50 ① ② ③ ④
12 ① ② ③ ④	25 ① ② ③ ④	38 ① ② ③ ④	
13 ① ② ③ ④	26 ① ② ③ ④	39 ① ② ③ ④	

※ 주관식 답안란은 뒷면에 있습니다.

감독확인

감독확인 정 부

수험번호

		성 별

수 험 번 호

※ 정확하게 기재하고 해당란에 ● 처럼 칠할 것.

한자급수시험 한문경시대회
응답 표기란 / 한문경시대회 응답 표기란

6 준5 5 4 준4 3 준3 2 준2

A B C D E F G

주민번호 뒤6자리 (생년월일)

성 별

남 □ 여 □

※ 예: 2001. 11. 22 ↔ 01 11 22

주 의 사 항

이 답안지는 한자급수
자격시험 및 전국한문
실력경시대회 겸용입니다.

1. 답안지가 구겨지거
나 더럽혀지지 않도록
할 것. 모든 □ 1인의
기록은 첫 칸부터 한
자씩 채워 쓸 것.

2. 답안지의 모든기재
및 표기사항은 검정색
사인펜을 사용하여
해당란에 ● 처럼 칠할
것.

3. 수험번호와 성명은
정확하게 기재하여
주십시오.

4. ※ 표시가 있는 란
은 절대 기입하지 말
것.

5. 기재오류로 인한
책임은 모두 응시자
여러분에게 있습니다.

※ 시험종료 후 시험지
및 답안지를 반드시
제출하십시오.

※ 주 의 사 항

성 명 (한글)

객 관 식 답 안 란

1	① ② ③ ④	14	① ② ③ ④	27	① ② ③ ④	40	① ② ③ ④
2	① ② ③ ④	15	① ② ③ ④	28	① ② ③ ④	41	① ② ③ ④
3	① ② ③ ④	16	① ② ③ ④	29	① ② ③ ④	42	① ② ③ ④
4	① ② ③ ④	17	① ② ③ ④	30	① ② ③ ④	43	① ② ③ ④
5	① ② ③ ④	18	① ② ③ ④	31	① ② ③ ④	44	① ② ③ ④
6	① ② ③ ④	19	① ② ③ ④	32	① ② ③ ④	45	① ② ③ ④
7	① ② ③ ④	20	① ② ③ ④	33	① ② ③ ④	46	① ② ③ ④
8	① ② ③ ④	21	① ② ③ ④	34	① ② ③ ④	47	① ② ③ ④
9	① ② ③ ④	22	① ② ③ ④	35	① ② ③ ④	48	① ② ③ ④
10	① ② ③ ④	23	① ② ③ ④	35	① ② ③ ④	49	① ② ③ ④
11	① ② ③ ④	24	① ② ③ ④	37	① ② ③ ④	50	① ② ③ ④
12	① ② ③ ④	25	① ② ③ ④	38	① ② ③ ④	
13	① ② ③ ④	26	① ② ③ ④	39	① ② ③ ④	

※ 주관식 답안란은
뒷면에 있습니다.

감 독 위 원

정 부

결 인

제 □□ 회 한자급수자격시험 · 경시대회 답안지[앞면]◯┃

[제0~4급 서식]

대한민국한자교육연구회 / 한국한자실력평가원

※ 감독위원
날인 : 본인

※ 확인검정색
모든 필기구 첫 칸부터 한 자씩
블여 쓰시오.

수험번호

※ 정확하게 기재하고 해당란에 ● 처럼 칠할 것.

성명

주민번호 앞6자리(생년월일)

생년 / 월일

성별
※ 예 : 2001. 11. 22 ⇨ 01 11 22
남 / 여

한자급수시험 합격경시대회
등급표기란 / 부문표기란

준5 2
A
B
준5
5
C
준4
4
D
E
준3
3
F
준2
G
2

※ 참고사항

▶시험준비물을 재외한 모든
물품은 가방에 넣어 지정된
장소에 보관할 것.

▶시험시간 및 합격기준

급수	시험시간	합격기준
6급~준3급	14:00~14:40(40분)	70점이상
3급~2급	14:00~15:00(60분)	

▶합격자발표 : 시험 4주후 발표
- 출패이지 및 ARS(060-700-2130)

▶지격증 교부방법
- 방문수자는 접수처에서 교부
- 인터넷수자는 개별발송

※ 주의사항

이 답안지는 한자급수
자격시험 및 전국한문
실력경시대회 경용입
니다.

1. 답안지가 구겨지거
나 더럽혀지지 않도록
할 것. 모든 [ ]안의
기록은 첫칸부터 한
자씩 붙여 쓸 것.

2. 답안지의 모든기재
사항은 검정색 볼펜을
사용하여 기재하고
해당란에 ●처럼 칠하
는데만 ●처럼 칠할
것.

3. 수험번호와 생년월일
을 정확하게 기재하여
주십시오.

4. ※표시가 있는 란
은 절대 기입하지 말
것.

5. 기재오류로 인한
책임은 모두 응시자
에게 있습니다.

성명 (한글) / 객관식 답안란

1 ①②③④	14 ①②③④	27 ①②③④	40 ①②③④	
2 ①②③④	15 ①②③④	28 ①②③④	41 ①②③④	
3 ①②③④	16 ①②③④	29 ①②③④	42 ①②③④	
4 ①②③④	17 ①②③④	30 ①②③④	43 ①②③④	
5 ①②③④	18 ①②③④	31 ①②③④	44 ①②③④	
6 ①②③④	19 ①②③④	32 ①②③④	45 ①②③④	
7 ①②③④	20 ①②③④	33 ①②③④	46 ①②③④	
8 ①②③④	21 ①②③④	34 ①②③④	47 ①②③④	
9 ①②③④	22 ①②③④	35 ①②③④	48 ①②③④	
10 ①②③④	23 ①②③④	35 ①②③④	49 ①②③④	
11 ①②③④	24 ①②③④	37 ①②③④	50 ①②③④	
12 ①②③④	25 ①②③④	38 ①②③④		
13 ①②③④	26 ①②③④	39 ①②③④		

※ 주관식 답안란은 뒷면에 있습니다.

감	독	확	인
정			
부			

제 □□ 회 한자급수자격시험 □경시대회 답안지[앞면]

[제1-4호 서식]

사단법인 대한민국한자교육연구회 / 대한검정회

Korea Test Association (KTA)

※ 모든 기록은 컴퓨터용 첫 칸부터 한 자씩 붙여 쓰시오.

성명 (한글)

※ 주의사항

이 답안지는 한자급수자격시험 및 전국한자실력경시대회 겸용입니다.

1. 답안지가 구겨지거나 더럽혀지지 않도록 할 것.
   가. 기록은 첫칸부터 한 자씩 붙여 쓸 것.

2. 답안지의 모든기재 사항은 검정색 볼펜을 사용하여 기재하고 답안은 ● 처럼 출할 것.

3. 수험번호의 생년월일을 정확하게 기재하여 주십시오.

4. ※ 표시가 있는 란은 절대 기입하지 말 것.

5. 기재오류로 인한 책임은 모두 응시자 여러분에게 있습니다.

※ 시험종료 후 시험지 및 답안지를 반드시 재출하십시오.

객관식 답안란

성명			
1	① ② ③ ④	14 ① ② ③ ④	27 ① ② ③ ④	40 ① ② ③ ④
2	① ② ③ ④	15 ① ② ③ ④	28 ① ② ③ ④	41 ① ② ③ ④
3	① ② ③ ④	16 ① ② ③ ④	29 ① ② ③ ④	42 ① ② ③ ④
4	① ② ③ ④	17 ① ② ③ ④	30 ① ② ③ ④	43 ① ② ③ ④
5	① ② ③ ④	18 ① ② ③ ④	31 ① ② ③ ④	44 ① ② ③ ④
6	① ② ③ ④	19 ① ② ③ ④	32 ① ② ③ ④	45 ① ② ③ ④
7	① ② ③ ④	20 ① ② ③ ④	33 ① ② ③ ④	46 ① ② ③ ④
8	① ② ③ ④	21 ① ② ③ ④	34 ① ② ③ ④	47 ① ② ③ ④
9	① ② ③ ④	22 ① ② ③ ④	35 ① ② ③ ④	48 ① ② ③ ④
10	① ② ③ ④	23 ① ② ③ ④	35 ① ② ③ ④	49 ① ② ③ ④
11	① ② ③ ④	24 ① ② ③ ④	37 ① ② ③ ④	50 ① ② ③ ④
12	① ② ③ ④	25 ① ② ③ ④	38 ① ② ③ ④	
13	① ② ③ ④	26 ① ② ③ ④	39 ① ② ③ ④	

※ 주관식 답안란은 뒷면에 있습니다.

감독인	채점인	
	정	부

수험번호

※ 정확하게 기재하고 해당란에 ● 처럼 출할 것.

		—					

주민등록 앞6자리 (생년월일)

한자급수자격시험 응급표기란

한자실력경시대회 학년반표기란

	6	A	①	①			
준5	5	B	②	②			
	4	C	③	③			
준4	3	D	④	④			
	준3	E	⑤	⑤			
4	2	F	⑥	⑥			
준2		G	⑦	⑦			

성별

남	○
여	○

※ 예 : 2001. 11. 22 ⇒ 01.11.22

※ 참고사항

- 시험준비물은 재외한 모든 물품은 기방에 넣어 지정된 장소에 보관할 것.

▼ 시험시간 및 합격기준

등급	시험시간	합격기준
3급~2급	14:00~15:00(60분)	70점이상
6급~준3급	14:00~14:40(40분)	
준5급	14:00~14:30(30분)	

▼ 합격자발표 : 시험 4주후 발표
- 홈페이지 및 ARS(060-700-2130)

▼ 자격증 교부방법
- 방문접수자는 접수처에서 교부
- 인터넷접수자는 개별발송